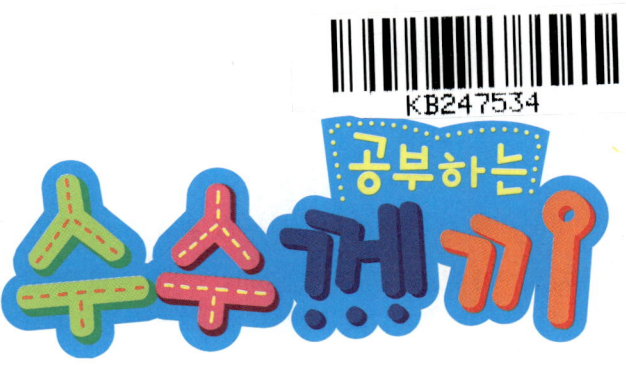

공부하는 수수께끼

육은숙 엮음

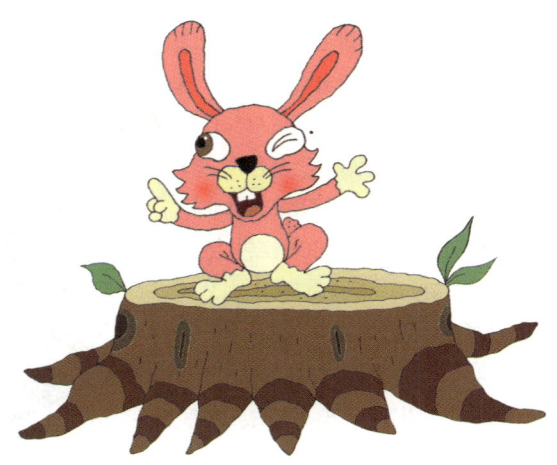

ℏ(주)학은미디어

책머리에

수수께끼로 술술술~
영어와 한자가 머릿속으로 쏙쏙쏙~

글자를 모아 낱말을 만드는 한글이나 영어와 달리 한 글자 한 글자가 낱말이기도 한 한자, 왜 그리 모양이 복잡하고 어려울까요? 쉽고 재미있게 단박에 익힐 수 있는 방법은 없을까요?

너도나도 열공하는 알쏭달쏭 영어, 좀 더 쉽고 재미있게 즐길 수는 없을까요?

그래서 온갖 지식과 상상력, 유머가 총동원되는 수수께끼를 활용하여 술술술 편안하고 즐겁게 한자와 영어를 공부할 수 있도록 내용을 구성하고, 주머니나 가방에 넣어 가지고 다니면서 언제든지 펼쳐 볼 수 있도록 미니북으로 제작하였답니다.

유머집 읽듯 술술 넘기다 보면 웃음 폭탄이 빵빵 터지고, 아하 그렇구나! 하고 무릎을 탁 치게 될 것입니다.

학교에서, 직장에서, 모임에서, 가정에서 스마일 메이커가 되어 보세요. 기분 좋은 문답놀이로 삶의 활력을 찾아보세요! 영어와 한자와 즐겁게 놀아 보세요!

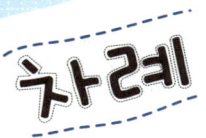

차례

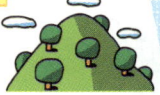
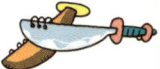

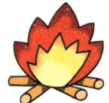
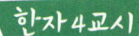
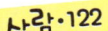
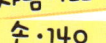
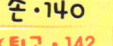
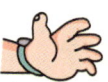
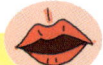
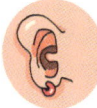
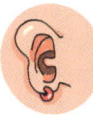

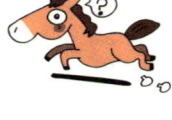
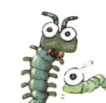
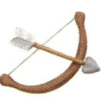
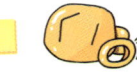
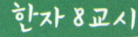

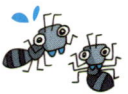
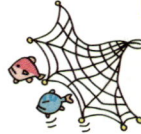
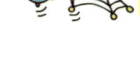

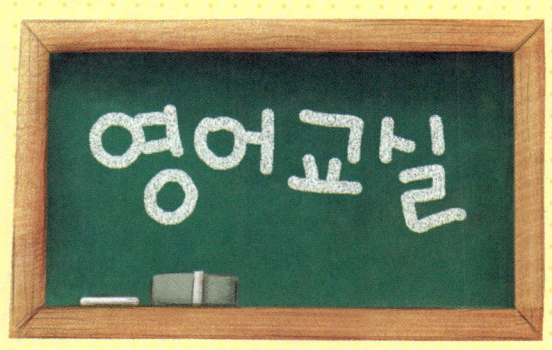

영어교실

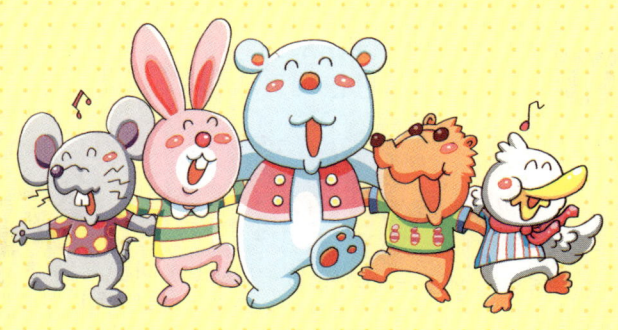

버스와 택시의 차이점은?

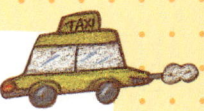

승객을 보고 버스는 멈추고, 택시는 선다.

★ 버스 정류장은 bus stop. stop(멈추다)
택시 승강장은 taxi stand. stand(서다)

 반성문을 영어로 하면?

global(글로벌)

★ 글로 서는 벌이니까.
*global의 원뜻은 세계적인, 지구의

 젖소(cow)의 아들과 딸, 남편을 영어로 하면?

아들 : cowboy   딸 : cowgirl
남편 : cowman

★ cowboy(카우보이, 목동) → cow(젖소) + boy(소년, 아들)
cowgirl(목장에서 일하는 여자) → cow(젖소) + girl(소녀, 딸)
cowman(목축업자, 목장 주인) → cow(젖소) + man(남자, 남편)

소설가나 시인 등
글을 사랑하는 사람을 영어로 하면?

glover(글러버)

★ 글 + 러버(lover). 글을 사랑하는 사람

*glover는 글러브 제조인, 글러브 장수

 남자들이 낚시하는 것을 영어로 하면?

보이스피싱

★ 남자들(boys) + 낚시(fishing). 보이스(즈)피싱

*보이스피싱(voice phishing)은 요즘 사회적으로 문제가 되고 있는 음성 사기전화를 이른다.

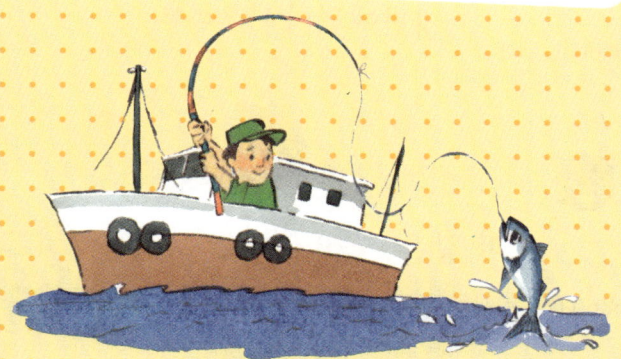

새끼를 낳으면서 인사하는 동물은?

하이에나

★ Hi(안녕) + 애 나
*하이에나(hyena)는 주로 썩은 고기를 먹는 야행성 육식 동물

 젊은 물고기는?

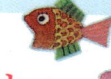

영어

 ★ young(젊은) + 魚(물고기 어) = 영어

 소설의 줄거리를 plot(플롯)이라고 한다. 그 까닭은?

소설에는 피 흘리는 장면이 많이 나오므로

★ p(피) + lot
*lot은 a lot (of ~)의 꼴로 쓰여 많음, 다량을 뜻한다.

 price의 뜻은?

피 같은 쌀/밥

★ p(피) + rice(쌀, 밥)   *price의 원뜻은 값, 가격

propose란?

프로(연애 고수를 뜻하는 은어)가 폼 잡다.

★ pro(프로) + pose(자세를 취하다)   *propose의 원뜻은 제의하다, 청혼하다

pride의 뜻은?

피 나게 말(또는 차)을 달리다.

★ p(피) + ride(타다)   *pride의 원뜻은 자랑, 긍지

피라미드란?

피라미 d(디)

★ pyrami(피라미) + d(디) = pyramid(피라미드)

*피라미드는 기원전 3000~2000년경 이집트 나일 강 기슭 사막 지대에 세운 사각뿔 탑 모양의 국왕 또는 왕족의 무덤이다.

곰의 이가 빠지면?

막대기로 변한다.

★ bear(곰)에서 e를 없애면 bar(막대기)

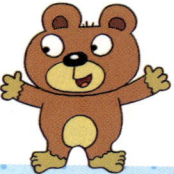

두루미의 직업은?

중장비 기사 또는 크레인 기사

★ 두루미를 영어로 하면 crane
*crane에는 '기중기'라는 뜻도 있다.

 모두를 키 크게 할 수 있는 간단한 방법은?

모두에게 티셔츠를 입힌다.

★ t(티셔츠) + all(모두) → tall(키가 큰)

 티 나게 내리는 비는?

train(기차)

★ t(티) + rain(비)

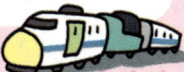

 티 나지 않게 남몰래 하는 훈련은?

raining
(비가 오다 진행형)

★ training(훈련)에서 t(티)를 없애면 raining만 남는다.

 티 없는 발자국은?

rail(철로)

★ trail(발자국)에서 t(티)를 없애면 rail만 남는다.

LG 트윈스가 경기에서 이기는 가장 쉬운 방법은?

선수들의 티셔츠를 벗긴다.

★ twins(쌍둥이)에서 t(티셔츠)를
없애면 wins(이기다)만 남는다.

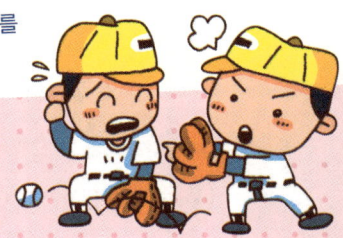

 **마녀에게 티셔츠를 입히면
무슨 일이 일어날까?**

경련을 일으킨다.

★ witch(마녀) + t(티셔츠) = twitch(경련하다)

 **마술사가 티셔츠를 입고 가발을 썼다.
마술사는 어떻게 되었을까?**

가느다란 나뭇가지로 변했다.

★ t(티셔츠) + wig(가발) → twig(잎이 없는 가느다란 가지,
점을 치는 막대)

가수 비가 '나는 가수다'에 출연하여 말했다.
"내가 꼴찌를 하면 내 모든 것을 내놓겠다."
안타깝게도 비는 꼴찌를 했다.
과연 비가 내놓은 것은?

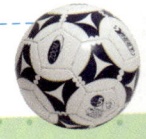

공　★b(비) + all(모든 것) = ball(공)

 통돌이 세탁기를 영어로 하면?

워싱턴(Washington)

★워싱(washing : 세탁이란 뜻) + 턴(ton과 '돌다'는
뜻의 turn은 발음이 비슷) = 워싱턴　*워싱턴은 미국의 수도

 프랑스의 수도를 영어로 하면?

fly　★원래는 Paris(파리). 곤충인 파리
(fly)와 발음이 비슷해서……

 '글을 사랑한다'를 영어로 하면?

glove(글러브)

*glove는 권투나 야
구 등을 할 때 손에
끼는 가죽 장갑

★글 + 러브(love). love는 사랑하다

새 중에서 글씨를 가장 잘 쓰는 새는?

펭귄

★ 펭귄은 영어로 penguin. pen(펜)을 포함하고 있다.

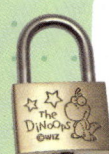 새 중에서 자물쇠를 열 수 있는 유일한 새는?

칠면조

★ 칠면조는 영어로 turkey. key(열쇠)를 포함하고 있다.

 냉장고에 넣어 둔 음료수 캔이 사라졌다. 누가 가져갔을까?

펠리컨

★ 펠리컨은 영어로 pelican. can(깡통, 캔)을 포함하고 있다.

 새 중에서 가장 부자인 새는?

타조

★ 타조는 영어로 ostrich. rich(돈 많은, 부유한)를 포함하고 있다.

타조의 알을 한 단어로 하면?

race *race는 경주, 경쟁, 진행 등을 뜻한다.

★ 타조 알은 알(r) 중에서 ace(에이스, 일인자)이다.

 ## 티셔츠를 얹어 놓는 선반을 영어로 하면?

track ★ t(티셔츠) + rack(선반, 걸이)

*track은 궤도, 자국, 노선 등을 뜻한다.

 ## 남자들만 사는 도시는?

★ man(남자) + city(도시)

*맨시티는 세계적인 명문 축구 클럽
맨체스터 시티(Manchester city)
FC를 줄여서 부르는 명칭이다.

맨시티

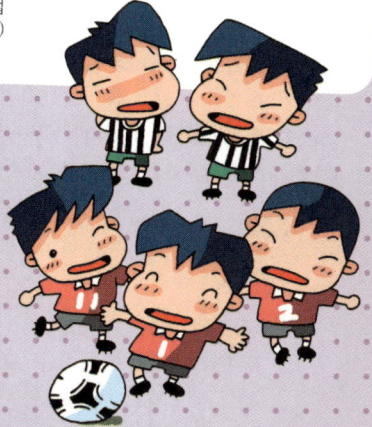

매일 사과하는 동물은?

오소리

★ Oh, sorry!(오, 소리!) → 오, 미안해요!

 냉동 오리를 영어로 하면?

언덕

★ 언(냉동) + 오리(duck). duck의 발음이 '덕'이므로

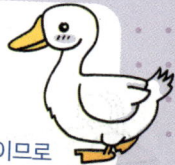

 토끼가 거북이를 타고 달리는데 호랑이가 지나가자 토끼가 소리쳤다.
"타, 이거!" 어떻게 된 일일까?

호랑이를 부른 것이다.

★ 호랑이를 영어로 하면 tiger(타이거로 발음됨)이다.

 candy를 두 글자로 줄이면?

c y

★ candy를 분해하면 c + and + y.
그러므로 c와 y, 두 글자만 쓰면 된다.

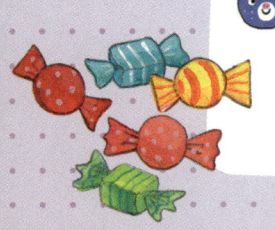

눈이 없는 사슴을 영어로 하면?

no idea

★ 눈이 없는 사슴(no eye deer)과 no idea의
발음(노 아이디어)이 비슷하다.
*no idea는 아이디어가 없다, 능력이 없다 등의 뜻으로 쓰인다.

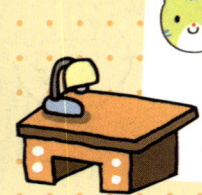 〈안네의 일기〉를 쓴 안네가
사용하던 책상은?

안내 데스크

★ 안네(안내) + desk(책상)

 11월에는 뱀과 벌이 없다. 왜일까?

11월은 영어로 November이므로

★ November의 발음이 '노 뱀 벌'과 비슷하다.

 t로 시작해서 t로 끝나고
t로 가득 찬 것은?

teapot(찻주전자)

★ 찻주전자이므로 안에 tea(티)가 들어 있을 것
이다.　　*tea는 차, 특히 홍차를 이른다.

다음 중 가장 젊은 나라는?

①미국 ②중국 ③호주
④영국 ⑤태국 ⑥프랑스   ④영국

★ young國(영국 : 젊은 나라)

방은 방인데 들어갈 수 없는 방은?

mushroom(버섯)

★ room(방)을 포함하고 있다.

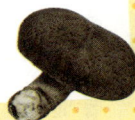

작가란?

라이터 켜는 사람

★ writer(라이터 : 작가)와   lighter(라이터 : 담배 라이터)의 발음
이 비슷하다.

실로폰이란?

등산용 밧줄(자일)로 연결된 전화

★ xylophone(실로폰)
   → xylo(자일로) + phone(폰 : 전화)

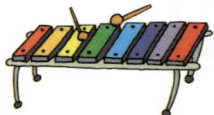

접시는 접시인데
요리를 담을 수 없는 접시는?

radish(무)

★ dish(접시)를 포함하고 있다.

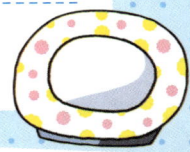

 채소 중에서 물을 가장 잘
빨아올리는 채소는?

호박(pumpkin)

★ pump(펌프)를 포함하고 있다.

 식물인데 알을 낳는 식물은?

가지(eggplant)

★ egg(알, 달걀) + plant(식물)

 세상에서 가장
불가사의한(놀라운) 수영장은?

원더풀(wonderful)

★ wonder는 '불가사의, 놀라움' 등을 뜻한다.
수영장은 영어로 pool. ful과 발음이 비슷하다.

sandwich(샌드위치)를 다섯 자로 줄이면?

swich

★ sandwich는 s + and + wich. 그러므로 swich

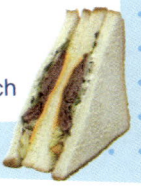

 럭비(rugby)란?

깔개 옆

★ rugby는 rug(깔개, 양탄자) + by(~의 옆에, ~로)

 냉동 달걀을 영어로 하면?

rice

★ rice는 r(알, 달걀) + ice(얼음, 얼리다).
rice의 원뜻은 쌀, 밥

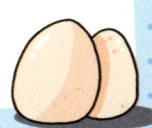

 president(대통령)란?

피(코피)가 터지도록 일하는
레지던트(수련 의사)

★ president를 분해하면
p(피) + resident(수련 의사)

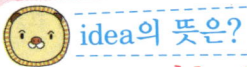 **idea의 뜻은?**

나는 사슴이다.

★ i + dea(디어). 사슴(deer)과 발음이 비슷하다.

*idea의 원뜻은 발상, 생각

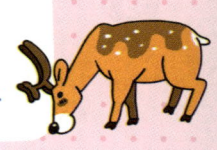

 이미지(image)의 뜻은?

이미 다 안다.

*image의 원뜻은 인상, 이미지

★ 이미(벌써) + 지(知 : 알 지)

 이미지(image)를 풀이하면?

나는 나이입니다.

★ i(아이) + m(엠) + age(나이)

 import의 뜻은?

나는 항구입니다.

★ i(아이) + m(엠) + port(항구)

*import의 원뜻은 수입하다

 impulse의 뜻은?

나는 맥박입니다.

★ i(아이) + m(엠) + pulse(맥박)

*impulse의 원뜻은 충동, 자극

네 마리의 고양이가
　　몬스터로 변한 것을 영어로 하면?

포켓몬스터

★ four(포) + càt(캣) + monster(몬스터)

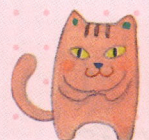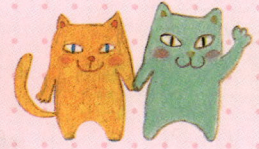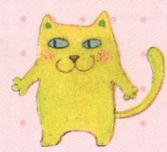

Good year를 해석하면?

좋은 년

★ Good(좋은), year(년, 해)

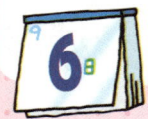
'자전거를 못 탄다'를 영어로 하면?

motorcycle(모터사이클)

★ 못 타 사이클

*motorcycle(오토바이), cycle(자전거)

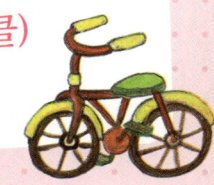

실내합니다를 영어로 하면?

Excuse me.

★ Excuse me.(실례합니다) → 실내합니다.
발음이 비슷하다.

 **견과류(nut)는 견과류인데
단단한 껍질이 없는 것은?**

도넛

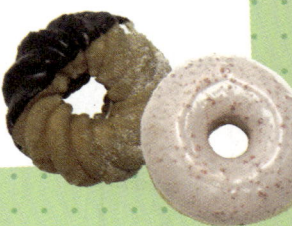

★ 영어로 도넛은 doughnut.
dough + nut(견과류)

 세상에서 가장 인기 있는 옥수수는?

팝콘

★ 팝콘(popcorn)은 본디 튀긴 옥수수를 일컫는다.
popcorn을 분해하면 pop + corn(옥수수)

*pop은 '튀기다'라는 뜻도 있지만 popular의 줄임꼴로
'인기 있는, 유행하는'의 뜻으로도 쓰인다.

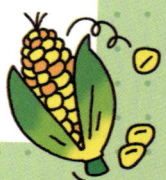

읍에 사는 사람들이
모두 하나씩 가진 것은?

티셔츠

★ 읍은 영어로 town. t(티셔츠) + own(소유하다)

영수는 기말고사 뒤에 반에서 유일하게 톱을 차지했다. 그런데 부모님께 심하게 꾸중을 들었다. 어떻게 된 일일까?

영수가 차지한 것은 1등이 아니고 팽이였기 때문에.

★ top는 정상, 수석, 윗부분 등의 뜻 외에 '팽이'란 뜻도 있다.

매주 토토 복권을 사는 청년이 있었다.
이 청년은 토마토를 절대로 먹지 않았다.
무슨 까닭일까?

토토 복권에 마가 낄까 봐.

★ 토마토(tomato)를 분해하면 toto(토토) + ma(마).
토토에 마가 끼여 있다.

*일이 잘되지 아니하게 훼살을 당하는 것을 마(魔)가 낀다고 한다.

23

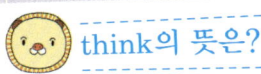 think의 뜻은?

야윈 김씨

★ think(생각하다)를 분해하면 thin(야윈, 가는, 얇은)
  + k(우리나라에서는 흔히 김씨를 가리킴)

 thank의 뜻은?

감기 걸린 탱크

★ thank(감사하다)를 분해하면 tank(탱크) + h(에이치).
  감기에 걸려 에이취! 하고 재채기하는 탱크?

 선생님(teacher)은?

차(茶)를 치는 사람

★ teacher를 분해하면 tea(차) + cher(쳐).
  그러므로 차를 치는 사람

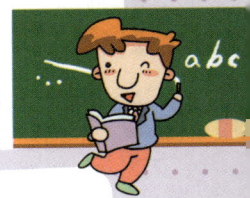

 택시(taxi)란?

세금 내는 아이

★ taxi를 분해하면 tax(세금) + i(아이).
  그러므로 세금 내는 아이

He is tall. 을 해석하면?

그는 온통 티이다.

★ tall은 t(티) + all(온통, 모두)

*He is tall.의 원뜻은 그는 키가 크다.

 스위치(switch)란?

특별한 마녀

★ switch은 s(special, 특별한) + witch(마녀)

 그네(swing)란?

특별한 날개

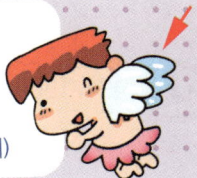

★ swing은 s(special, 특별한) + wing(날개)

 돌(stone)이란?

단 한 명의 성인. 하느님?

★ stone은 st + one(한 사람, 한 개)

*st는 saint의 준말로 성인(聖人), 천사 등을 뜻한다.

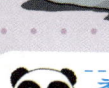 출발하다(start)란?

성스러운 예술

★ start은 st + art(아트, 예술)

배(ship)란?   특별한 엉덩이

★ ship은 s(special, 특별한) + hip(엉덩이)

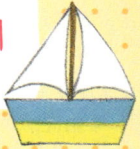

 pitching(피칭)이란?

긁어서 피가 나도록 가려운

★ pitching을 분해하면 p(피) + itching(근질근질한, 가려운)

*pitching은 본디 투수가 야구공을 던지는 것을 이른다.

 좌석(seat)이란?

특별하게 먹는 것

★ seat은 s(special, 특별한) + eat(먹다)

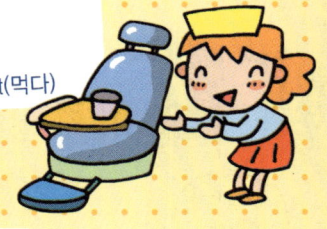

 핀(pin)이란?

피부 안에 꽂히면 피가
　　　　난다고 생긴 말

★ 핀(pin)을 분해하면 p(피) + in(~안에)

바지(pants)란?

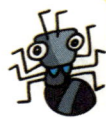

피 묻은 개미들

★ pants를 분해하면 p(피) + ants(개미들)

 노래(song)이란?

아들 쥐

★ song을 분해하면 son(아들) + g(지, 쥐)

 미스 코리아나 미스 월드 선발 대회를
두 글자로 하면?

미워

★ 미(美) + 워(war) = 아름다움의 전쟁

 비가 고함을 치고 있다. 무슨 까닭일까?

① 화가 나서   ② 바빠서   ③ 노래 연습하려고
④ 용감해서   ⑤ 배가 고파서   ④용감해서

★ b + rave(소리치다) = brave(용감하다)

가수 비는 여름에 특히
똑똑해진다고 한다. 왜일까?

다른 계절보다 비를 많이 맞아서

★ b + rain(비) = brain(뇌, 두뇌)

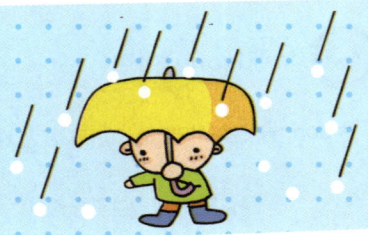

 전쟁터에서 승리한 자리를
영어로 하면?

winter(겨울)

★ win(이기다) + ter(터) → 승리한 터(자리)

 Hi, Jane!을 해석하면?

안녕, 자네!

★ 원뜻은 안녕, 제인!! *Jane은 여자 이름이다.

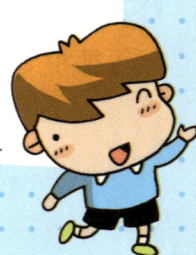

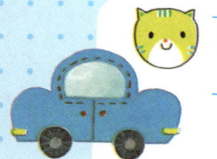

자동차 중에서 가장 아름다운
소리가 나는 자동차는?

하모니카

★ 하모니(harmony) + 카(car). 하모니를 이룬 자동차니까.
*harmony(조화, 일치), car(자동차). 하모니카는 harmonica

 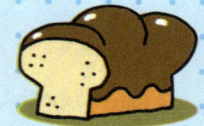 

다이어트를 위해 단식했던 사람이
다시 시작하는 식사를 영어로 하면?

breakfast

★ break(부수다) + fast(단식) = breakfast(아침 식사)

천천히 하는 식사는?

breakfast

★ break(부수다) + fast(날랜, 신속한)
= breakfast(아침 식사)

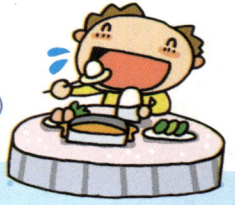

29

세상에서 가장 아름다운 입술은?

튤립

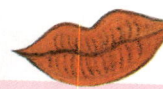

★영어로 튤립은 tulip. tu + lip(입술)

 세상에서 가장 특별한 입술은?

슬립(속치마)

★영어로 슬립은 slip. s(special, 특별한) + lip(입술)

 아기 위에 앉는 잔인한 사람은?

babysitter(아기 보아주는 사람)

★baby(아기) + sitter(앉는 사람)

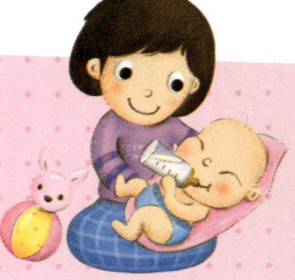

icy의 뜻은?

욕(아이 씨)

★ 원뜻은 얼음 같은,
얼음으로 만든

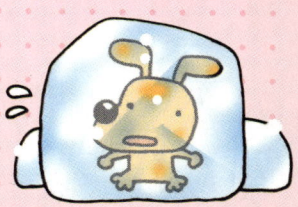

샌드위치란?

모래 마녀

★ sandwich(샌드위치)의 wich 발음이
witch(마녀)와 비슷하다.   *sand는 모래

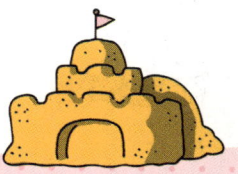

hot pants(핫팬츠)의 반대말은?

long pants

★ 핫팬츠는 매우 짧은 반바지를 이름.
그러므로 긴 바지(long pants)

맛있는 hot dog(핫도그)의 반대말은?

cold dog

★ hot(뜨거운) ↔ cold(차가운)

비를 싫어하는 악기는?

비올라(viola)

★ 비 올까 봐 걱정하는 말투이다.
*비올라는 바이올린보다 조금 크고 4줄로 되어 있으며,
바이올린과 첼로의 중간 음역을 맡는 현악기이다.

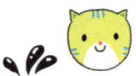

어린이들이 제일 좋아하는 기름은?

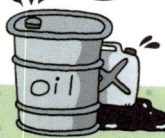

5월 오일 ★oil(오일 : 기름) → 5일

중국에서 프로포즈하면 안 되는 이유?

차일까 봐.

★ China(중국)의 발음이 '차이나'

skill은 뛰어난 기량을 뜻한다. 이 단어의 유래는(넌센스)?

특별하게 죽여 주니까. ㅋㅋㅋ

★ skill을 분해하면 s(special, 특별한) + kill(죽이다)

이 빠진 노인의 얼굴을 영어로 하면?

fac

★ face(얼굴)에서 e(이)를 없애면 fac

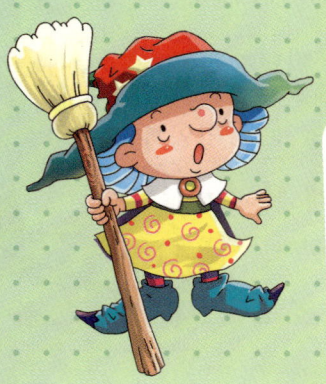

 ivy의 뜻은?

나는 비다.

★ i(아이) + vy(비)

*ivy의 원뜻은 담쟁이덩굴

 비는 잠을 잘 때마다 마녀를 따라다니며 빗자루를 내놓으라고 한다. 왜 그럴까?

마녀가 타고 다니는 빗자루가
비의 방이므로

★ broom(자루가 긴 비) = b + room(방)

영어 단어 중에서 가장 긴 것은?

smiles(smile의 3인칭 현재형)

★ smiles는 s + mile(마일) + s. s와 s 사이가 1마일이나?

 외국 순방을 위해 비행기 트랩에 오른 대통령이 비행기가 방문국 공항에 도착하였으나 모습을 보이지 않았다. 어떻게 된 일일까?

올가미(덫)에 빠져서.

★ trap는 사닥다리, 발판을 뜻하지만 '올가미'란 뜻도 있다.

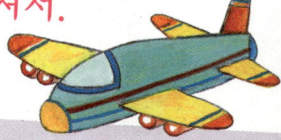

 타이어에 펑크가 잘 나는 이유는?

이름 때문이다.

★ 자동차 타이어를 가리키는 tire에는 '지치다, 물리다' 등의 뜻도 있다.

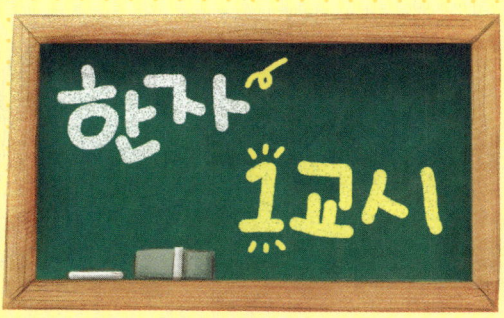

해

가로 왈

잠꾸러기

칼

말놀이

Q. '해해해' 하고 웃는 소리를 한 글자로 줄이면?

晶 밝을 정

★ 晶 = 日(날 일) + 日(날 일) + 日(날 일)
→ 해 + 해 + 해 → 해해해

*日(날 일)은 해(태양)를 본뜬 글자로 해, 햇볕, 낮 등의 뜻도 있다.

▶水晶(수정)
무색투명한 석영. 여러 가지 불순물이 섞임에 따라 자주·검정·노랑 빛깔을 띤다.

Q. 세 사람이 함께 해바라기하는 계절은?

① 여름   ② 가을
③ 봄   ④ 겨울

*해바라기 : 양지바른 곳에서 햇볕을 쬐는 일

③ 봄
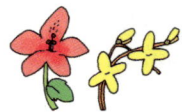

★ 봄 춘(春)을 분해하면 三(석 삼) + 人(사람 인) + 日(날 일). 세 사람이 햇볕을 쬐는 것이 된다.

▶春三月(춘삼월)
봄 경치가 가장 좋은 철인 음력 3월

Q. 한자로 쓰면 네모지고, 그림으로 그리면 둥근 것은?

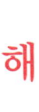
해
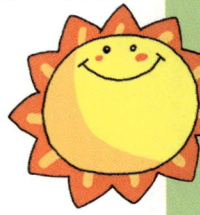

★ 해를 한자로 나타내면 日(날 일). 즉, 네모 모양이다. 그러나 해를 그림으로 그리면 동그란 모양이 된다.

Q. 입으로 '해해' 거리는 글자는?

▶ 合唱(합창)

唱 부를 창　★ 唱 = 口(입 구) + 日(날 일) + 日(날 일)

*여기서 昌(창성할 창)은 본래는 日(날 일)과 曰(가로 왈)을 합친 것이다.

Q. 해가 뜨자마자 나무에
　　　걸리는 곳은 어디일까?

동녘(동쪽)

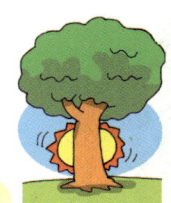

★ 日(날 일) + 木(나무 목)
　 = 東(동녘 동)

▶ 東海(동해) 우리나라 동쪽에 있는 바다

Q. 별은 누가 낳았을까?

해

★별을 뜻하는 한자 星(별 성)을
분해하면 日(날 일) + 生(날 생).
즉, 별은 해가 낳았다.

▶星霜(성상)
일 년 동안의 세월.
햇수를 세는 말임.

Q. 해가 사방을 골고루 비추는 글자는?

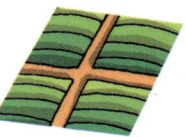

田 밭 전

★ 田자의 모양을 잘 살펴보면
사방에 日(날 일)자가 있다.

▶ 田畓(전답) 논밭

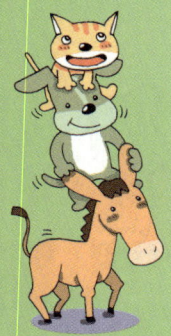

Q. 형 해가 동생 해를
목말 태우고 있는 글자는?

昌 창성할 창 ▶ 昌慶宮(창경궁)

★ 昌은 日 + 日. 즉, 형 해(日)가 동생 해(日)
를 목말 태우고 있는 것으로 보았다.

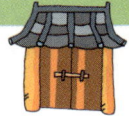

Q. 문틈에 해(태양)가 낀 글자는?

間 사이 간

★ 글자를 분해하면
門(문 문) + 日(날 일) = 間(사이 간)

▶ 間接(간접)
중간에 사람이나 사물
로 다리를 놓아 연락
되는 관계

Q. 대나무 밑에 문, 문틈에 해가 낀 글자는?

簡

대쪽/간략할 간

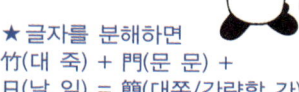

★ 글자를 분해하면
竹(대 죽) + 門(문 문) +
日(날 일) = 簡(대쪽/간략할 간)

▶ 簡單(간단)
　　간략하고 단순함.

Q. 해에 대해서 가장 잘 아는 글자는?

智 슬기 지

★ 知(알 지) + 日(날 일)
　 = 智(슬기 지)

▶ 智慧(지혜) 슬기

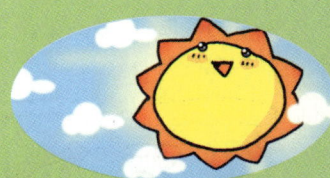

Q. 놈(사람)의 머리 위에 해가 떠 있다.
이 사람과 가장 관계 깊은 느낌은?
　　①무섭다　②춥다　③즐겁다　④덥다

④덥다　★ 日(날 일) + 者(놈 자) = 暑(더울 서)

▶ 處暑(처서) 24절기의 하나로 입추(立秋)와 백로(白露) 사이

*者(놈 자)는 사람, 물건, 때 등을 뜻한다.

39

Q. 해가 소리를 내는 것은 언제일까?

어두워지면

▶暗記(암기) 사물을 외워 잊지 아니함.

★ 日(날 일) + 音(소리 음) = 暗(어두울 암)

Q. '해가 하나 뜬 마을' 을 한 글자로 나타내면?

量 헤아릴 량

★ 日(날 일) + 一(한 일)
+ 里(마을 리) = 量(헤아릴 량)

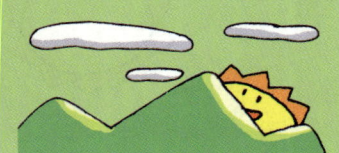

Q. '아침 마을' 을 한 글자로 쓰면?

量

헤아릴 량

★ 旦(아침 단) + 里(마을 리) = 量(헤아릴 량)

▶數量(수량)

Q. '해는 하나' 라고 가르치는 글자는?

旦 아침 단

▶元旦(원단)
설날 아침

★ 日(날 일) + 一(한 일) = 旦(아침 단)

*旦(아침 단)은 해와 지평선을 합친, 즉 해가 지평선 위로 떠오르는 모습에서 생긴 글자이다.

Q. 하루(1일)를 싸면 며칠이 될까?

열흘

▶中旬(중순)
그 달의 11~20일의 10일 동안

★ 日(날 일) + 勹(쌀포몸) = 旬(열흘 순)

Q. 각시가 해를 치마 밑에 감춘 글자는?

昏 어두울/저물 혼

▶黃昏(황혼)
해가 지고 어둑어둑할 때

★ 氏(각시/성씨 씨) + 日(날 일) = 昏(어두울 혼).
해가 치마 밑에 있으니 어두울 수밖에……

Q. 선생님께 방학이 언제부터냐고 여쭈었더니 칠판에 '旭'이라고 쓰셨다. 방학은 언제부터일까?

9일

▶旭日昇天(욱일승천)
아침해가 하늘로 떠오름.
또는 그 기세

★ 旭(아침해 욱)을 분해하면 九(아홉 구) + 日(날 일). 그러므로 9일.

Q. 해 위에 비수 하나를 올려놓은 글자는?

旨 뜻 지

★ 匕(비수 비) + 日(날 일) = 旨(뜻 지)

▶ 趣旨(취지)
근본이 되는 매우 긴요한 뜻

Q. 해 밑에 비수 두 개를 숨기면 무엇으로 변할까?

형 또는 곤충으로 변한다.

★ 日(날 일) + 匕(비수 비) + 匕(비수 비) = 昆(형 곤, 곤충 곤)

▶ 昆蟲(곤충)

Q. 해가 글자 바로 위에 뜨면 무엇이 보일까?

하늘

★ 日(날 일) + 文(글월 문) = 旻(하늘 민)

▶ 旻天(민천) 어진 하늘

Q. 해와 글자가 나란히 있으면?

온화해진다.

★ 日(날 일) + 文(글월 문) = 旼(온화할 민)

Q. 해와 달이 씨름하면 무슨 일이 생길까?

①지진이 일어난다.
②캄캄해진다.
③밝아진다.
④무더워진다.

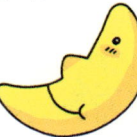

③밝아진다.

★ 日(날 일) + 月(달 월)
= 明(밝을 명)

▶明白(명백) 아주 뚜렷함.

Q. '해가 십자가에 못 박히다'를 한 글 자로 쓰면?

早

일찍 조

★글자의 모양을 잘 살펴보라. 日(날 일) + 十 (열 십) = 早(일찍 조)

▶早朝(조조) 이른 아침

Q. 해가 방패 위에 뜨면 무슨 일이 생길까?

가뭄이 든다.

★ 日(날 일) + 干(방패 간) = 旱(가물 한)

▶旱害(한해) 가뭄으로 인한 재해

Q. 때(시간)를 알려면 어디로 가야 할까?

①학교 ②동사무소 ③병원 ④절 ⑤시장

④절

★ 日(날 일) + 寺(절 사) = 時(때 시)

▶時間(시간)

Q. '서울에 뜬 해'를 한 글자로 나타내면?

景 볕 경

★ 日(날 일) + 京(서울 경) = 景(볕 경)

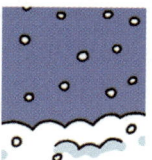

▶雪景(설경)
눈이 내리거나 쌓인 경치

Q. 해와 달을 모두 담을 만큼 큰 그릇은?

盟
맹세할 맹

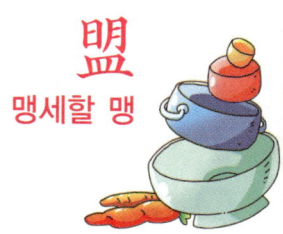

★ 日(날 일) + 月(달 월) + 皿(그릇 명) = 盟(맹세할 맹)

▶盟誓(맹서) 맹세

Q. 그릴 때는 둥글고, 쓸 때는 네모지며, 추울 때는 짧고, 더울 때는 긴 것은?

해

▶日出(일출) 해가 돋음.

★ 해는 그림으로 그리면 동그라미, 글자로 쓰면 네모. 겨울에는 해가 짧고, 여름에는 해가 길다.

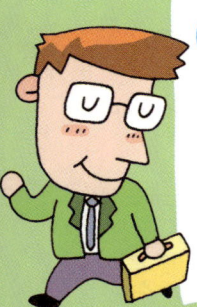

Q. 하루살이의 남편은?

春 봄 춘

▶回春(회춘)
①봄이 다시 돌아옴.
②도로 젊어짐.

★ 一(한 일) + 日(날 일) + 夫(지아비 부) = 春(봄 춘). 하루를 사는 하루살이의 수컷은 남편으로서도 하루뿐이니까.

Q. '늙은 해'를 한 글자로 줄이면?

耆 늙은이 기

▶耆老(기로)
60세 이상의 노인

★ 老(늙을 로) + 日(날 일) = 耆(늙은이 기)

Q. 해가 말을 하게 하려면 어떻게 하면 될까?

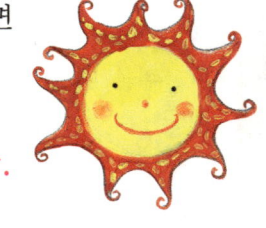

해를 위에서 눌러 납작하게 만들면 된다.

★ 日(날 일) → 曰(가로 왈)

▶曰可曰否(왈가왈부)
(어떤 일에 대하여) 옳다거니 그르다거니 하고 말함.

*曰(가로 왈)은 입으로 말하는 모양을 본뜬 글자로 '이르다, 말하다'의 뜻을 가지고 있다.

Q. 曰(가로 왈)자에 막대 두 개 꽂은 글자는?

曲 굽을 곡

▶曲線(곡선) 굽은 선

★ 글자의 모양을 잘 살펴보라.

Q. 지아비(남편) 둘이 만나 뭐라고 말했을까?

바꾸자! (무엇을? ㅋㅋ)

▶交替(교체)
서로 번갈아 대신함.

★ 夫(지아비 부) + 夫(지아비 부) + 曰(가로 왈) = 替(바꿀 체)

Q. (멋진 물건 등을) 말로써(공짜로) 갖게 (얻게) 되면 기분이 어떨까?

최고!

▶最高(최고) 가장 높음.

★ 日(가로 왈) + 取(가질 취) = 最(가장 최)

Q. 붓으로 말하는 글자는?

書 글 서

▶書庫(서고)
책을 간수하는 곳집

★ 聿(붓 율) + 日(가로 왈) = 書(글 서)

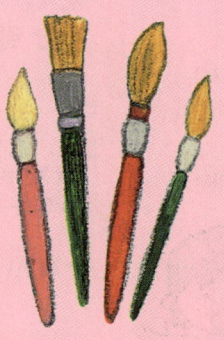

Q. 스스로 자는 철든 글자는?

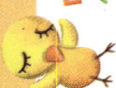

自 스스로 자

★ 자라고 하지 않아도 알아서 스스로 자니까.

▶ 自習(자습) 스스로 익힘.

Q. 아들과 딸 중에서 누가 더 잠꾸러기일까?

아들

★ 子(아들 자). 아들이 잔다니…….

▶ 子息(자식)
①아들과 딸의 총칭 ②'놈'보다 낮추어 남자를 욕하는 말

Q. 언니와 여동생 중 누가 더 잠꾸러기일까?

언니

★ 姉(누이/언니 자).
妹(누이/여동생 매)

▶ 姉妹(자매)
여자끼리의 언니와 아우

Q. 동물 중에서 가장 잘 자는 동물은?

누에

★ 蠶(누에 잠).
누에는 늘 잔다니…….

▶ 蠶室(잠실) 누에를 치는 방

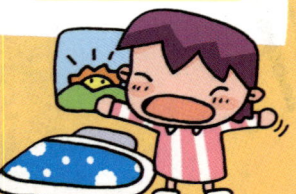

Q. 암컷과 수컷, 둘 중에서 어느 쪽이 더 잠꾸러기일까?

암컷

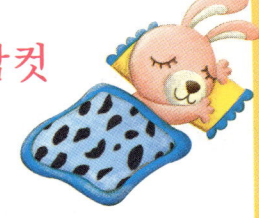

★ 雌(암컷 자), 雄(수컷 웅).
암컷은 잔다고…….

▶雌雄(자웅)
①암컷과 수컷 ②우열(優劣)

Q. 놈이 잔다고 귀띔하는 글자는?

者 놈 자

★놈이 잔다고…….

▶學者(학자)
학문에 통달하거나 학문을 연구하는 사람

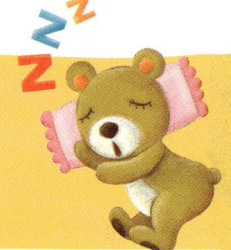

Q. '잠깐 눈을 붙이다'를 한 글자로 쓰면?

暫 잠깐 잠   ★잠깐 자는 잠…….

▶暫時(잠시) 짧은 시간

49

Q. 8 + 칼은?

分 나눌 분

★ 八(여덟 팔) + 刀(칼 도) = 分(나눌 분)

▶分解(분해)
여러 부분이 결합되어 이루어진 것을 개개의 부분으로 나눔.

Q. 7 + 칼은?

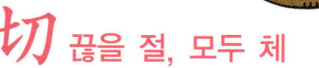

切 끊을 절, 모두 체

★ 七(일곱 칠) + 刀(칼 도) = 切(끊을 절, 모두 체)

▶品切(품절) 물건이 다 팔림.

▶一切(일절) '아주', '도무지'의 뜻으로, 사물을 부인 또는 금지할 때 쓴다.

ex) 나는 그 일에 대해서는 一切(일절) 알지 못합니다.

▶一切(일체) 모든 것   ex) 그 가게에서는 연필, 공책, 필통 등 문방구 一切(일체)를 팝니다.

Q. 칼이 셀까 힘이 셀까?

① 사람 ② 붓

③ 활   ④ 힘

 ④ 힘

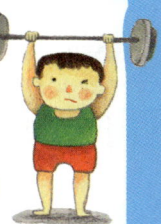

★ 刀(칼 도)와 力(힘 력)을 비교해 보면 力자가 刀자보다 위로 더 삐쳐 있다.

Q. 판사(判事)가 재판할 때
　　　　꼭 필요한 도구는?

① 법전(法典) ② 칼 ③ 펜 ④ 저울

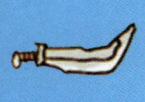

② 칼

▶ 判事(판사)
대법원을 제외한 각급 법원의 법관

★ 判(판단할 판)자를 분해하면 半(반 반) + 刂 (선칼도방). 그러므로 칼이 있어야 한다.

Q. 돼지가 칼 들고 하는 일은?

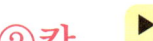 새긴다.

★ 亥(간지/돼지 해) +刂(선칼도방) = 刻(새길 각)

▶ 刻骨難忘(각골난망)
입은 은혜에 대한 고마움이 뼈에 새길 만큼 사무쳐 잊혀지지 아니함.

Q. 창조(創造)에 꼭 필요한 것 두 가지는?

①종이와 붓 ②연필과 메모지
③창고와 칼 ④나무와 못

③창고와 칼

★ 창조(創造)는 創(비롯할 창)과 造(지을 조)가 합쳐진 낱말. 創자를 분해하면 倉(곳집 창) + 刂(선칼도방). 즉 창고와 칼을 이용하여 지으면 된다.

*곳집 : 곳으로 쓰려고 지은 집. 창고

▶創作(창작)
①처음으로 만듦. ②예술 작품을 독창적으로 지어냄.

Q. '그림의 떡'이라는 말이 있다. 실지로 이용할 수 없거나 차지할 수 없는 것을 이르는 말이다. 그럼 '그림의 칼'은?

劃 그을 획

★ 畫(그림 화) + 刂(선칼도방)
= 劃(그을 획)

▶劃順(획순)
글자 획(劃)의 순서

Q. 호랑이와 멧돼지가 뒤엉겨 싸우는데 옆에 칼이 있다. 어떤 상황일까?

연극

★虍(범호엄) + 豕(돼지 시) + 刂(선칼도방) = 劇(연극/심할 극)

*劇은 호랑이와 돼지가 격렬하게 싸우는 데 칼(刀)을 덧붙인 글자이다.

▶演劇(연극)

①배우가 각본에 따라 어떤 사건이나 인물을 말과 동작으로 관객에게 보여 주는 무대 예술 ②남을 속이기 위해 꾸며 낸 말이나 행동

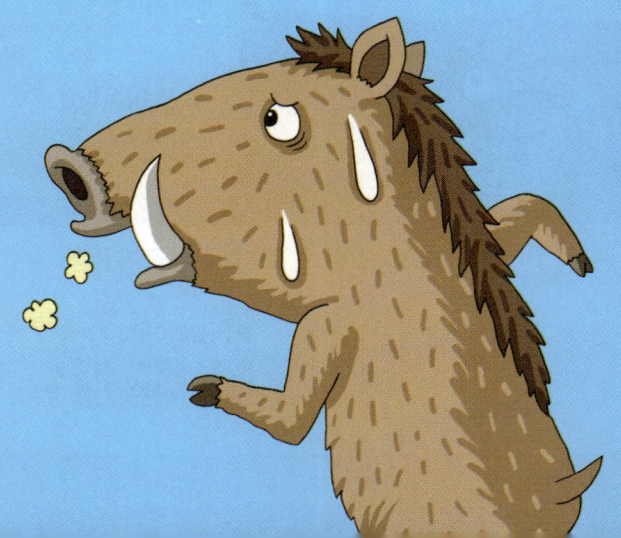

Q. '용용 죽겠지?' 하고 놀리는 글자는?

龍 용 용

★ 용용 죽겠지…….

▶龍宮(용궁) 바닷속에 있다고 하는 용왕의 궁전

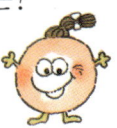

Q. 용 중에서 날랜 용은?

勇 날랠 용

▶勇氣(용기) 씩씩하고 굳센 기운

Q. 장사꾼이 가장 많이 쓰는 글자는?

底 밑 저

★底(밑 저) → 밑져!

*밑지다 : 들인 밑천에 비하여 얻는 것이 적어 손해를 보다.

▶底力(저력)
속으로 간직하고 있는 강한 힘

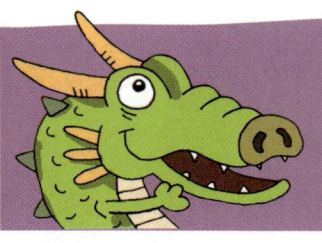

Q. 돈을 내지 않겠다고 버티는 글자는?

內 안 내

★안 내!

▶內視鏡(내시경)
신체의 내부를 직접 볼 수 있게 만든 의료 기구의 총칭

Q. '진작에 잘못했다고 빌걸.' 하고 후회하는
글자는?

乞 빌 걸

★ 빌걸…….

▶乞人(걸인) 거지

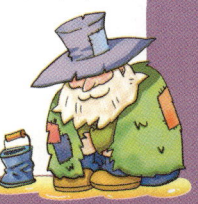

Q. 낙타에 타라고 명령하는 글자는?

駝 낙타 타

▶駱駝(낙타)
등에 지방을 저장하는 혹이 1~2개
있고 다리가 길고 발바닥이 두꺼워
사막을 걷기에 알맞은 동물

★ 낙타에 타!

Q. 죽은 지 오래되었는데도 살았다고 하는
글자는?

居
살 거

▶居處(거처)
일정하게 자리를 잡고 살
거나 계속 머무르며 잠을
잠. 또는 그러한 장소

★ 居(살 거)를 분해하면 尸(주검 시) + 古(예 고). 즉, 오래된
주검. 죽은 지 오래되었는데 '살 거'라고 새긴다.

55

Q. 감기 환자가 자주 쓰는 글자는?

咳 기침 해

★ 기침해.

▶鎭咳(진해) 기침을 그치게 함.

Q. 집에 가라고 명령하는 글자는?

家 집 가

★ 집에 가!

▶家屋(가옥) 사람이 사는 집

Q. 나쁜 짓을 해 놓고 더 할까 묻는 글자는?

加 더할 가

★ 더 할까?

▶加擔(가담)
같은 편이 되어 일을 함께 함.

Q. 한 일 또는 앞으로 할 일이 옳은지 옳지 않은지 묻는 글자는?

可 옳을 가

★ 옳을까?

▶不可抗力(불가항력) 사람의 힘으로는 저항할 수 없는 힘

Q. 수레를 발로 차는 글자는?

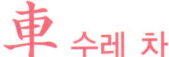

車 수레 차 ★ 수레 차.

*車(수레 차)는 '수레 거'라고도 새김.

▶ 洗車(세차) 자동차에 묻은 먼지나 흙을 씻음.
▶ 人力車(인력거) 사람이 끄는 수레. 주로 사람을 태우며 바퀴가 둘임.

Q. 무례한 찻집 종업원이 자주 쓰는 말은?

茶 차 다

★ 차다.

*茶(차 다)는 '차 차'라고도 새긴다.

▶ 茶房(다방)
차나 커피 등 음료수를 마시며 쉴 수 있게 된 영업소. 찻집

▶ 綠茶(녹차)
발효시키지 아니하고 그대로 말린 부드러운 찻잎. 또는 그것을 끓인 물

Q. 뜨거운데도 차다고 하는 글자는?

茶 차 다

★ 차다(cold).

▶ 茶菓(다과) 차와 과자

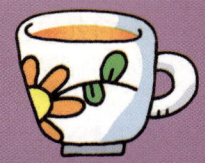

Q. '덜 익은 감'을 한 글자로 나타내면?

甘 _{달 감}

▶甘味料(감미료)

(설탕이나 물엿 등) 단맛을
내는 데 쓰는 조미료

★ 앞으로 달게 될 감이므로.

Q. 먹지는 않고 보고 즐기기 위한 감은?

監 _{볼 감}

▶監督(감독) 보살펴 단속함. 또는 그렇게 하는 사람

Q. '손수'를 한 글자로 줄이면?

手 _{손 수}

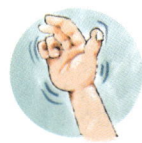

▶手段(수단)
①목적을 이루기 위한 방법. 또는 그 도구
②어떠한 일을 처리하는 꾀나 솜씨

*손수 : 남의 손을 빌리지
아니하고 직접 자기 손으로

Q. 도살장에 끌려가는 소를 한자로 쓰면?

消 사라질 소

▶ 消滅(소멸) 사라져 없어짐.

Q. 아무리 커도 작다고 하는 소는?

小 작을 소

▶ 小便(소변) 오줌

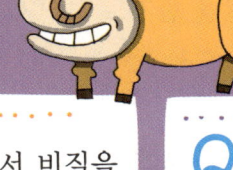

Q. 세상에서 비질을 가장 잘하는 소는?

掃 쓸 소

▶ 淸掃(청소) 더러운 것을 없애어 깨끗이 함.

Q. 세상에서 가장 잘 웃는 소는?

笑 웃음 소

▶ 微笑(미소) 소리를 내지 않고 빙긋이 웃음.

Q. 참다 참다 마침내 오줌 누는 글자는?

始 비로소 시

★ 비로소 쉬~

▶ 始初(시초) 맨 처음

Q. 신하가 신는 신발을 한자로 하면?

臣 신하 신

★ 신하의 신

▶ 臣下(신하) 임금을 섬기어 벼슬하는 사람

Q. 새로 산 신발을 한자로 하면?

新 새 신   ★ 새로운 신

▶ 新聞(신문) 새로운 소식이나 여론을 전달하는 정기 간행물

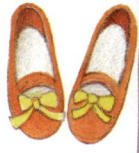

Q. 귀신이 신는 신발을 한자로 하면?

神 귀신 신   ★ 귀신의 신

▶ 鬼神(귀신) ①죽은 사람의 넋
②사람에게 화복(재앙 또는 복)을 내려 준다는 혼령

Q. 예의 바른 가수가 가장 많이 쓰는 글자는?

謠 **노래 요** ★ 노래요.

▶ 歌謠(가요)
일반 대중이 즐겨 부르는 노래. 대중가요

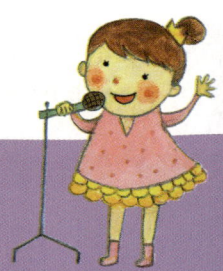

Q. 기장에게 멈춰 서라고 소리치는 글자는?

黍 **기장 서**

★ 기장 서!

*기장 : (민간 항공기에서) 승무원 중 최고 책임자. 조종사를 겸하기도 함.

▶ 黍穀(서곡)
조 · 수수 · 옥수수 따위의 잡곡

Q. 술꾼이 받드는 주님은?

酒 **술 주**

★ 술 주(주님) / 술 주(다오)!

▶ 酒類(주류)
술의 종류

Q. 便은 편할 편, 오줌 변의 두 가지로 새긴다. 그 까닭은?

오줌을 누고 나면
속이 편해지니까.

▶便乘(편승) ①남이 타고 가는 차편을 얻어 탐. ②세태나 남의 세력을 이용하여 자신의 이익을 얻음.

▶便秘(변비) 똥이 잘 누어지지 아니하는 병. 변비증

Q. 벌벌 떠는 글자는?

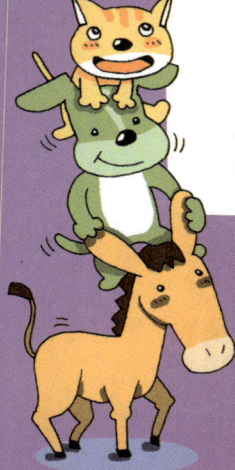

罰 벌벌

▶處罰(처벌)
형벌에 처함. 또는 그러한 벌

★잘못을 저지르고 받는 벌이니 벌벌 떨 수밖에……

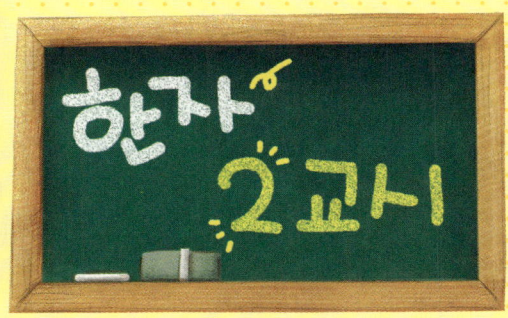

한자 2교시

나무

대나무

산

Q. '흑흑' 흐느껴 우는 나무는?

계수나무

▶桂樹(계수)
계수나무

★ 木(나무 목) + 土(흙 토) + 土(흙 토) = 桂(계수나무 계). '흙 + 흙'을 '흑흑'으로 보았다.

Q. 나무 중에서 수가 가장 많은 나무는?

복숭아나무

▶桃園結義(도원결의)
〈삼국지연의〉에 나오는 말로 유비, 관우, 장비가 도원(복숭아나무가 많은 정원)에서 의형제를 맺은 데서, '의형제를 맺음'을 이름.

★ 木(나무 목) + 兆(조 조) = 桃(복숭아나무 도). 글자에 조(억의 만 배)가 들어 있다.

Q. 나무 중에서 가장 공평한 나무는?

소나무

★ 木(나무 목) + 公(공평할 공) = 松(소나무 송)

▶落落長松(낙락장송)
가지가 길게 늘어지고 키가 큰 소나무

Q. 나무 위에 기다란 막대 하나를 가로로 걸쳐 놓은 글자는?

末

끝 말

★ 글자의 모양을 잘 살펴보라.

▶ 終末(종말)
(계속되어 온 일의) 맨 끝

Q. 나무 아래쪽에 아주 짧은 막대 하나를 가로로 걸쳐 놓은 글자는?

本 근본 본

★ 글자의 모양을 잘 살펴보라.

▶ 根本(근본)
사물이 생기는 본바탕

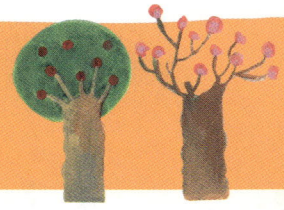

Q. 나무 위에 짧은 막대 하나를 가로로 걸쳐 놓은 글자는?

未 아닐 미

★ 글자의 모양을 잘 살펴보라.

▶ 未開人(미개인) 사회의 발전이 없고 문화 수준이 낮은 인종

Q. 나무 옆에서 친구 사귀는 곳은?

학교 ▶ 學校(학교)

★ 木(나무 목) + 交(사귈 교) = 校(학교 교)

Q. 물가에 선 나무는 무엇을 하고 있을까?

머리를 감는다.

★ 氵(삼수변) + 木(나무 목) = 沐(머리감을 목) ▶ 沐浴(목욕)

Q. 나무 위에 창을 올려놓으면 어떻게 될까?

부드러워진다.

★ 矛(창 모) + 木(나무 목) = 柔(부드러울 유)

▶ 柔軟(유연)
부드럽고 연함.

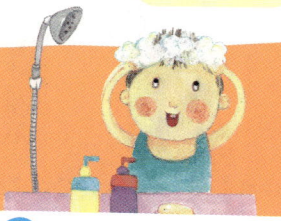

Q. 나무를 또 차는 까닭은?

조사하려고.

★ 木(나무 목) + 且(또 차) = 査(조사할 사)

▶ 調査(조사) (사물의 내용을) 명확히 알기 위하여 자세히 살펴봄.

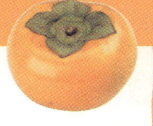

Q. 나무 위에 감 올려놓은 글자는?

某 아무 모

▶ 某種(모종) 어떠한 종류

★ 甘(달 감) + 木(나무 목) = 某(아무 모)

Q. 나무 옆에 새가 날아오는 이유는?

편지를 전하려고.

▶ 書札(서찰) 편지

★ 木(나무 목) + 乚(새 을) = 札(편지 찰)

Q. 토끼가 기대기 좋아하는 나무는 ?

버드나무

▶ 楊柳(양류) 버드나무

★ 木(나무 목) + 卯(토끼 묘) = 柳(버들 류)

Q. 나무 중에서 점을 가장 잘 치는 나무는?

후박나무

▶ 淳朴(순박) 순하고 꾸밈이 없음.

★ 木(나무 목) + 卜(점 복) = 朴(후박나무 박)

*朴은 '성 박, 순박할 박'이라고도 새긴다.

Q. 놈(사람)이 옆에 붙어 있는 나무는?

닥나무

★ 木(나무 목) + 者(놈 자) = 楮(닥나무 저)

▶ 楮白皮(저백피)
닥나무의 속껍질

Q. 어떤 나무 밑에서 아들이 놀고 있다. 무슨 나무일까?

오얏나무 (자두나무)

★ 木(나무 목) + 子(아들 자) = 李(성 이, 오얏 리)

▶ 李朝(이조)
이씨(李氏) 조선(朝鮮)의 준말

Q. 가을 나무는?

개오동나무

★ 木(나무 목) + 秋(가을 추) = 楸(개오동나무 추/가래나무 추)

▶ 楸木(추목) 가래나무

Q. 봄 나무는?

참죽나무

★ 木(나무 목) + 春(봄 춘) = 椿(참죽나무 춘/춘부장 춘)

▶ 椿府丈(춘부장)
남의 아버지의 존칭

Q. 나무에 바람이 불면 어떻게 될까?

단풍나무가 된다.

★ 木(나무 목) + 風(바람 풍) = 楓(단풍나무 풍)

▶丹楓(단풍)
①단풍나무의 준말.
②기후의 변화로 잎이 빨강·노랑·갈색 등으로 변하는 현상, 또는 그 잎

Q. 하얀 나무는?

측백나무

★ 木(나무 목) + 白(흰 백) = 柏(측백나무 백)

▶側柏(측백) 측백나무

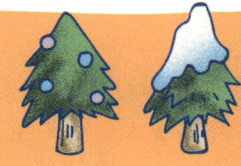

Q. 달콤한 나무는?

某 아무 모

▶某某(모모) 아무아무

★ 甘(달 감) + 木(나무 목) = 某(아무 모)

Q. 나무 시장에서 파는 나무는?

감나무

▶紅柿(홍시) 흠뻑 익은 감. 연감

★ 木(나무 목) + 市(저자 시) = 柿(감나무 시)

Q. 날짐승이 좋아하는 나무는?

능금나무

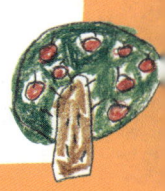

★木(나무 목) + 禽(날짐승 금) = 檎(능금나무 금)

Q. 형제가 감을 따기 위해 나무에 올라가려고 하는데 사다리가 없다. 사다리를 구할 수 있는 방법이 없을까?

동생을 나무 옆에 세우면 된다.

★木(나무 목) + 弟(아우 제)
= 梯(사다리 제)

▶梯階(제계)
①사다리 ②일이 잘되거나 벼슬이 차차 오르는 순서

Q. 나무 위에 올라앉은, 발톱 빠진 새는?

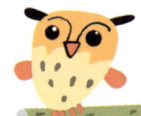

올빼미

★鳥(새 조) + 木(나무 목) = 梟(올빼미 효)
▶梟首(효수) 죄인의 목을 베어 높은 곳에 매닮.

Q. 나무 세 그루가 옆으로 비스듬히 누워 있는 글자는?

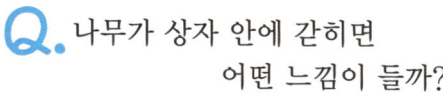

杉 삼나무 삼

▶杉木(삼목)
낙우송과의 상록 교목.
일본 특산종임.

★ 글자의 모양을 잘 살펴보라.

Q. 나무가 상자 안에 갇히면 어떤 느낌이 들까?

① 답답하다 ② 슬프다 ③ 따뜻하다
④ 곤하다(기운이 없고 나른하다)

④ 곤하다

★ 口(큰입구몸) + 木(나무 목) = 困(곤할 곤)

▶疲困(피곤) (몸이나 마음이) 지치어 고달픔.

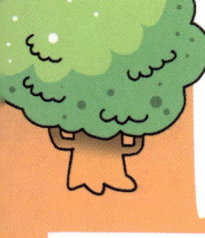

Q. 나무 위에 서서 바라보는 사람은?

어버이

▶親權(친권)
부모가 미성년의 자식에
대하여 가지는 신분상·
재산상의 권리와 의무

★ 立(설 립) + 木(나무 목)
+ 見(볼 견) = 親(어버이 친)

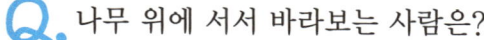

Q. 나무 두 그루로 무엇을 만들 수 있을까?

숲

★ 木(나무 목) + 木(나무 목) = 林(수풀 림)

▶林業(임업)
산림에서 생산되는 각종 임산물에서 얻는 경제적 이득을 목적으로 삼림을 경영하는 사업

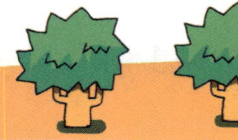

Q. 나무가 세 그루면 어떻게 될까?

나무가 빽빽해진다.

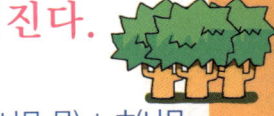

★ 木(나무 목) + 木(나무 목) + 木(나무 목) = 森(나무빽빽할 삼)

▶森林(삼림)
나무가 많이 있는 곳

Q. 삼림욕(숲 속을 거닐면서 숲의 기운을 쐬는 일)을 하려면 최소 몇 그루의 나무가 필요할까?

5그루

★ 森林(삼림)은 森(나무빽빽할 삼) + 林(수풀 림). 즉 木(나무 목)자가 5개 쓰였다. 그러므로 5그루의 나무만 있으면 삼림욕을 할 수 있다.

▶森林浴(삼림욕)

Q. '나무하는 날'을 한 글자로 나타내면?

晳 밝을 석

▶明晳(명석)
생각이나 판단이 분명하고 똑똑함.

★ 木(나무 목) + 斤(도끼 근) + 日(날 일) = 晳(밝을 석).
나무에 도끼를 대는 날 *나무하다 : 산이나 들에 가서 땔나무를 장만하다.

Q. 나무 위에 새가 앉은 글자는?

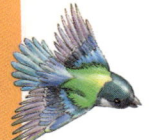

集 모을 집

★ 隹(새 추) + 木(나무 목) = 集(모을 집)

▶集中(집중)
한 곳으로 모이거나 모이게 함.

Q. 나무 위에 소가 올라앉아 있는 글자는?

朱 붉을 주

★ 朱자를 잘 살펴보면 牛(소 우)와 木(나무 목)이 합쳐져 있다.

▶印朱(인주)
도장을 찍는 데 쓰는 붉은빛의 재료

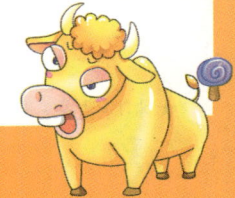

Q. 나무는 동·서·남·북 중 어느 쪽에 깃들기를 좋아할까?

서쪽

★ 木(나무 목) + 西(서녘 서) = 栖(깃들일 서)

Q. 나무 중에서 가장 이로운 나무는?

배나무

▶ 梨花(이화) 배꽃

★ 利(이할 리) + 木(나무 목) = 梨(배나무 리)

Q. 아내 같은 나무란?

棲 쉴 서

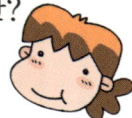

▶ 棲息(서식)
동물이 어떠한 곳에 깃들여 삶.

★ 木(나무 목) + 妻(아내 처) = 棲(쉴 서)

Q. 다섯 개의 입을 가진 나무는?

벽오동나무

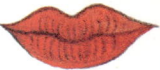

▶ 梧桐(오동)
오동나무

★ 木(나무 목) + 五(다섯 오) + 口(입 구) = 梧(벽오동나무 오)

Q. '나무 하면 나!' 라고 으스대는 나무는?

벽오동나무

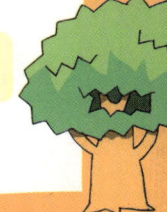

▶梧月(오월)
음력 7월

★ 木(나무 목) + 吾(나 오) = 梧(벽오동나무 오)

Q. 여자가 갓 쓰고 나무 위에 올라가 있는 글자는?

案
책상 안

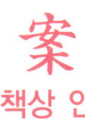

★ 宀(갓머리) + 女(계집 녀)
+ 木(나무 목) = 案(책상 안)

▶案件(안건)
조사하거나 논의할 사항. 여기서 案은
'생각하다' 의 뜻

▶案內(안내)
인도하여 내용을 알려 주는 일. 여기서
案은 '인도하다' 의 뜻

Q. 식목일에 어떤 아이가 나무 위에 흙을 뿌리고, 오른쪽에는 창을 세워 놓았다. 왜 그랬을까?

나무를 심으려고.

★ 土(흙 토) + 木(나무 목)
+ 戈(창 과) = 栽(심을 재)

▶栽培(재배)
식물을 심어 기름.

Q. 키다리 나무 꼭대기에 해가 걸린 것은?

과실

▶ 果實(과실) 먹을 수 있는 나무 열매

★ 日(날 일) + 木(나무 목) = 果(과실 과)

Q. 밭 밑에 나무 한 그루 서 있는 글자는?

果 과실 과

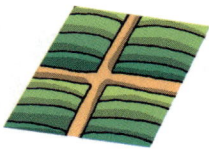

★ 田(밭 전) + 木(나무 목) = 果(과실 과)

▶ 結果(결과)
① 열매를 맺음. 또는 그 열매.
② 어떤 원인으로 결말이 생김.

Q. 나무도 아닌데 나무인 것은?

잔

★ 木(나무 목) + 不(아닐 부/불) = 杯(잔 배). 즉, 나무도 아니면서 나무로 된 잔(술잔). 예전에는 술잔을 나무로 만드는 경우가 많았다.

▶ 乾杯(건배)
술잔을 같이 들어 서로의 건강이나 행복 등을 빌면서 술을 마심.

76

Q. 나무에 힘센 입을 올려놓은 것은?

시렁

*시렁 : 물건을 얹기 위해 두 개의 나무를 건너질러 선반처럼 만든 것

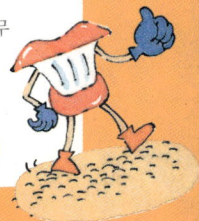

★ 力(힘 력) + 口(입 구) + 木(나무 목) = 架(시렁 가)

▶十字架(십자가)

Q. 나무가 곧게 자라게 하는 방법은?

①나무를 심었다 뽑아 낸다.
②나무 옆에 또 나무를 심는다.
③나무를 심고 물을 준다.
④나무를 심고 주위를 밟아 준다.

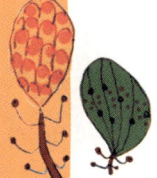

①나무를 심었다 뽑아 낸다.

★ 나무를 심는다는 뜻의 植(심을 식)자를 분해하면 木(나무 목) + 直(곧을 직). 植에서 木을 없애면 直(곧을 직)만 남는다. 즉, 곧게 자라게 된다.

▶植木日(식목일)

나무를 많이 심고 아껴 가꾸도록 하려고 국가에서 정한 나무 심는 날

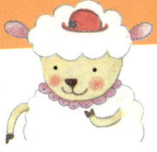

Q. 나무 옆에 꼬리 잘린 양이
길게 자리 잡은 글자는?

樣 모양 양

★ 木(나무 목) + 羊(양 양)
+ 永(길 영) = 樣(모양 양)

▶模樣(모양)
겉으로 나타나는
생김새나 형상

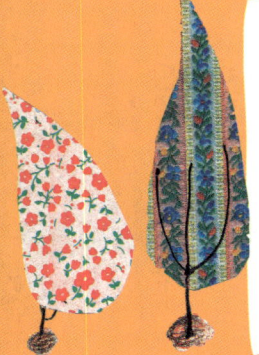

Q. 아버지가 모자 쓰고 나무 옆에
서 있는 곳은?

학교

▶校長(교장)
학교의 우두머리.
교무를 통할하고
교직원을 감독함.

★ 木(나무 목) + ㅗ(돼지해머리) + 父(아비 부)
= 校(학교 교)   *ㅗ(돼지해머리)를 모자로 보았음.

Q. 나무가 재주를 부리면 무엇이 될까?

재목

▶材料(재료)
물건을 만들거나 일을
이루는 데 바탕으로 쓰
이는 것

★ 木(나무 목) + 才(재주 재)
= 材(재목 재)

Q. '황'자 옆에 나무를 심었더니 글자가 변했다. 어떤 글자로 변했을까?

횡

★ 木(나무 목) + 黃(누를 황) = 橫(가로 횡)

▶ 縱橫(종횡) 세로와 가로

Q. 나무 밑에서 입을 벌리고 있으면 무엇이 떨어질까?

살구

★ 木(나무 목) + 口(입 구) = 杏(살구나무 행)

▶ 銀杏(은행) 은행나무의 열매

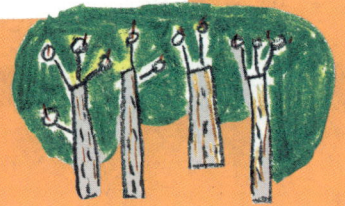

Q. 나무 위에서 나팔 부는 글자는?

桑 뽕나무 상

▶ 桑田碧海(상전벽해)
뽕나무밭이 변하여 푸른 바다가 된다는 뜻으로, 세상일의 변천이 심함을 이름.

★ 글자 모양을 보면 木(나무 목) 위에 又(또 우) 3개가 있다. 즉, '또 또 또' 하고 나팔 부는 것으로 보았다.

Q. 대나무 밑에서 동생이 기다리고 있는 것은?

차례

★ 竹(대죽) + 弟(아우 제)
= 第(차례 제)

▶ 第一(제일) 첫째가 되는 것. 가장

Q. 달밤에 대나무 숲에서 힘 자랑하는 글자는?

筋 힘줄 근

★ 竹(대죽) + 月(달 월) +
力(힘 력) = 筋(힘줄 근)

▶ 筋肉(근육) 힘줄과 살

Q. 대나무는 어릴 때나 늙을 때나 크다(大)고 한다. 그럼 잘 웃는 것은 어느 때일까?

어릴 때

★ 竹(대죽) + 夭(어릴 요)
= 笑(웃음 소)

▶ 談笑(담소) 웃으면서 이야기함.

Q. 밭 위로 대나무가 싹을 내민 글자는?

笛 피리 적

★ 竹(대죽) + 由(말미암을 유) = 笛(피리 적).
由자의 모양이 밭 위로 싹이 나온 듯함.

▶汽笛(기적) (기차 소리 등) 증기를 내뿜는 힘으로 내는 소리

Q. 대나무 한 그루가 흙을 뚫고 자라났는데, 늙도록 한 마디밖에 자라지 못한 것은?

等 같을 등

★ 竹(대죽) + 土(흙 토) + 寸(마디 촌) = 等(같을 등)

▶同等(동등) 같음.

Q. 대나무로 지은 절은?

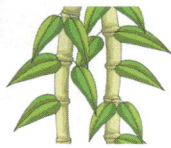

等 같을 등

★ 竹(대죽) + 寺(절 사) = 等(같을 등)

▶等級(등급)
(높고 낮음, 좋고 나쁨 등의) 차이를 여럿으로 구별한 급수

Q. 대나무 밑에서 더하기하는 글자는?

答 대답 답

▶對答(대답)

★ 竹(대죽) + 合(합할 합) = 答(대답 답)

Q. 대나무 밑에 눈 달린 나무 있는 글자는?

箱 상자 상

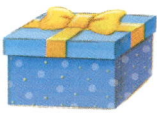

★ 竹(대죽) + 木(나무 목) +
目(눈 목) = 箱(상자 상)

▶箱子(상자)

Q. 죽순은 며칠 만에 돋아날까?

▶雨後竹筍(우후죽순)

비가 온 뒤에 돋아나는 죽순이
란 뜻으로, 어떤 일이 한때에
많이 일어남을 이르는 말임.

열흘

★ 죽순을 가리키는 筍(죽순 순)자를 분해하면
竹(대죽) + 旬(열흘 순). 그러므로 열흘

Q. 사람 10명이 대나무를 세는 글자는?

算 셈할 산

▶算數(산수)

★竹(대죽) + 目(눈 목) + 艹(스물입발) = 算(셈할 산).
20개의 눈은 10사람. 즉, 열 사람이 대나무를 바라본다.

Q. 대말을 두 글자의 한자어로 하면?

竹馬 죽마

▶竹馬故友(죽마고우)
대말을 타고 함께 놀던, 어릴 때부터 친한 벗

★竹(대 죽) + 馬(말 마) = 竹馬(죽마)

*대말 : 아이들이 말놀음을 할 때 두 다리를
걸터 타고 끌고 다니는 대막대기

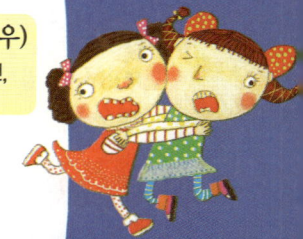

Q. 竹馬(죽마)를 한 글자로 줄이면?

篤 도타울 독

▶篤志家(독지가)
사회사업 등에 특히 마음을
쓰고 협력·원조하는 사람

★竹(대죽) + 馬(말 마) = 篤(도타울 독)

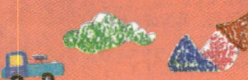
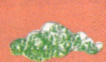
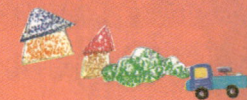

Q. '산 너머 산'을 한 글자로 나타내면?

出 _{날 출}

★ 山(메 산) + 山(메 산) = 出(날 출)

▶出入(출입)
사람이 드나드는 일

Q. 산 밑에 있는 감옥은?

嶽 _{큰산 악}

★ 山(메 산) + 獄(감옥 옥) = 嶽(큰산 악)

▶五嶽(오악) 우리나라의 이름난 5개 산. 금강산 · 묘향산 · 지리산 · 백두산 · 삼각산

Q. 언덕 아래 있는 산은?

岳 _{큰산 악}

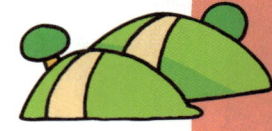

★ 丘(언덕 구) + 山(메 산) = 岳(큰산 악)

▶山岳人(산악인) 등산을 즐기거나 잘하는 사람

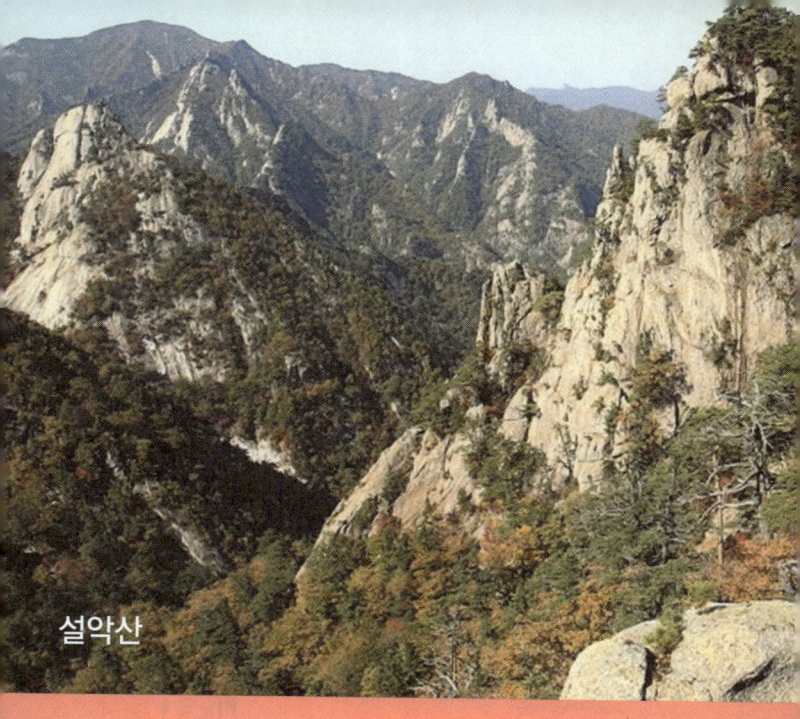

설악산

우리나라 산 가운데 嶽자 또는 岳자가 들어간 산은 매우 험하다고 한다. 우스갯소리로 '악!' 소리 난다고 해서 이름에 '악' 자를 넣었다는 것이다.

설악산(雪嶽山)   삼악산(三嶽山)   황악산(黃嶽山)
월악산(月岳山)   관악산(冠岳山)   감악산(紺岳山)
치악산(雉岳山)   송악산(松岳山)   운악산(雲岳山)

Q. 친구끼리 산 밑에 가면 안 된다.
무슨 까닭일까?

산이 무너져서.

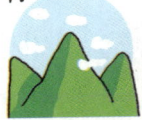

▶崩壞(붕괴)
허물어져 무너짐.

★ 山(메 산) + 朋(벗 붕) = 崩(무너질 붕)

Q. 사방이 산으로
둘러싸인 글자는?

田 밭 전

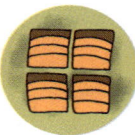

★ 사방 어디에서 보나
山(메 산)자가 보인다.

▶火田(화전)
산이나 들에서 초목에 불을
지르고 그 자리를 파 일구어
농사를 짓는 밭

Q. 산 밑에서 개 부
르는 글자는?

崩
무너질 붕

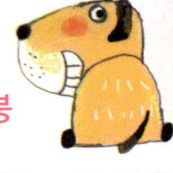

★ 글자 모양을 보면 山(메
산) 밑에 月(달 월) 2개가 있
다. 즉, 월 월(워리 워리) 하
고 개 부르는 것으로 보았다.

▶崩御(붕어) 임금이 죽음.

Q. 산길을 가던 김삿갓이 발을 멈추고 "산이 네 개로구나." 했다. 무슨 말일까?

①첩첩산중이구나. ②산 너머 또 산이구나.
③절이구나. ④산이 참 푸르구나.

③절이구나.

★산 + 4 = 산사

▶山寺(산사) 산속에 있는 절

Q. 마침 보살이 보이자 김삿갓이 또 "산이 네 개요." 했다. 무슨 뜻일까?

①배가 고프니 요기 좀 하게 해 주시오.
②스님 계신가요? ③피곤합니다.
④오랜만이오.

①배가 고프니 요기 좀 하게 해 주시오.

★山 + 山 + 山 + 山 = 出 + 出 = 출출하다

Q. 산사(산속에 있는 절)를 한 글자로 줄이면?

峙 우뚝할 치, 언덕 치

★ 山(메 산) + 寺(절 사) = 峙(우뚝할 치, 언덕 치)

▶ 對峙(대치) 서로 팽팽히 맞서서 버팀.

Q. 산 아래 있는 돌은?

바위

▶ 岩壁(암벽)
벽 모양으로 깎아지른 듯이 높이 솟은 바위

★ 山(메 산) + 石(돌 석) = 岩(바위 암)

*岩(바위 암)은 巖(바위 암)의 속자(俗字)이다.

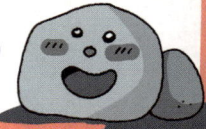

Q. '산마루'를 한 글자로 줄이면?

崇 높을 숭

▶ 崇高(숭고)
숭엄하고 고상함.

★ 山(메/산 산) + 宗(마루 종) = 崇(높을 숭)

Q. 산이 새의 발을 가렸다. 무엇으로 변했을까?

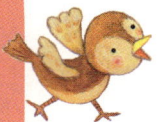

島 섬 도

★ 글자의 모양을 잘 살펴보라. 鳥(새 조) + 山(메 산) = 島(섬 도)

▶獨島(독도)
경상북도 울릉군에 속하는 화산섬

Q. 산을 부르는 글자는?

峨 산높을 아

★ 글자의 모양을 잘 살펴보라. 山(메 산) + 我(나 아) = 산아!

▶峨眉山(아미산)
중국 쓰촨 성 서남쪽에 있는 산. 어메이 산

Q. 산을 거느리는 것은?

재

★ 山(메 산) + 領(거느릴 령) = 嶺(재 령)

▶寒溪嶺(한계령)
강원도 양양군과 인제군 사이에 있는 높이 1,004미터의 고개

Q. 산이 서 있는 글자는?

端 끝 단

▶端緒(단서)
①일의 시초 ②어떤 일의 실마리

★立(설 립) + 山(메 산) + 而(말이을/어조사 이) = 端(끝 단)
우리말의 조사(～이)를 한자의 접속사 역할을 하는 而(말이을 이)로 대치하여 나타냈다.

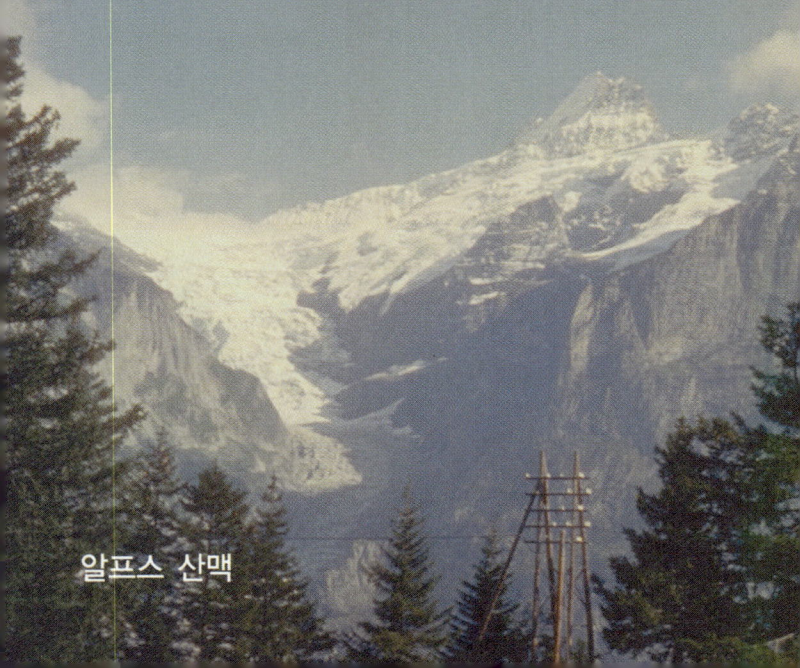

알프스 산맥

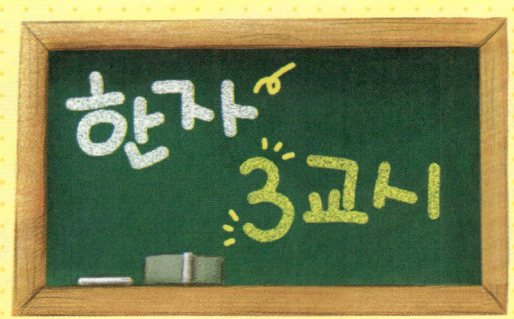

한자
3교시

물

불

달

육달월

Q. 물렁물렁한데 점 하나 붙이면 단단해지고, 그 점을 떼어 내면 도로 물렁물렁해지는 글자는?

水 물 수　▶水上(수상) 물 위

★ 水(물 수)에 점 하나를 더하면 氷(얼음 빙), 즉 고체로 단단하다. 氷(얼음 빙)에서 도로 점 하나를 빼면 水(물 수), 즉 액체로 변한다.

Q. 물방울 10개가 모이면 무엇이 될까?

즙 (수분이 들어 있는 물체에서 짜낸 액체)　▶果汁(과즙) 과일의 즙

★ 氵(삼수변) + 十(열 십) = 汁(즙 즙)

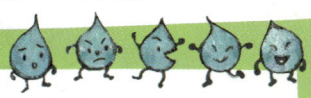

Q. 물 흐르듯이 가는(사라지는) 글자는?

▶憲法(헌법)
국가의 통치 체제의 기본적 조건과 국민의 기본적 권리·의무 등을 규정한 근본법

法 법 법

★ 氵(삼수변) + 去(갈 거) = 法(법 법). 법이란 물 흐르듯이 자연스럽고(공평하고) 막힘이 없어야 마땅한 법……

Q. 천 명의 사람이 물에 빠졌다.
살았을까 죽었을까?

살았다. ▶活氣(활기) 활발한 기운

★氵(삼수변) + 千(일천 천) + 口(입 구) = 活(살 활)
*천 개의 입은 곧 천 명의 사람.

Q. 혀가 물에 빠지면 살까 죽을까?

산다.

▶活動(활동)
①활발하게 움직임.
②어떤 일의 성과를 거두기
위한 의식적인 동작이나 행동

★氵(삼수변) + 舌(혀 설) = 活(살 활)

Q. 어린(young) 물과 가장 관계 깊은 말은?
①기름지다 ②순수하다 ③아름답다 ④맑다

①기름지다 ▶肥沃(비옥)
땅이 걸고 기름짐.

★氵(삼수변) + 夭(어릴 요) = 沃(기름질 옥)

Q. 물속에서 길게(오래 오래) 헤엄치는 글자는?

泳 헤엄칠 영

★ 氵(삼수변) + 永(길 영)
= 泳(헤엄칠 영)

▶ 水泳(수영)
스포츠나 놀이로서 물속을 헤엄침.

Q. 골짜기 물에서는 무엇을 할까?

목욕한다.

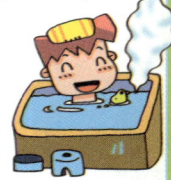

★ 氵(삼수변) + 谷(골 곡)
= 浴(목욕할 욕)

▶ 浴室(욕실)
목욕할 수 있는 방

Q. 강(江)은 누가 만들었을까?

①마술사 ②조물주 ③임금 ④장인

④장인

★ 江자를 잘 살펴보면 氵(삼수변) + 工(장인 공). 그러므로 장인이 만들었다.

▶ 漢江(한강)
우리나라 중부, 태백산맥 서쪽에서 시작하여 강원도·충청북도·경기도를 지나 황해로 흘러 들어가는 강

Q. 세 사람이 물 위에 떠 있는 글자는?

泰 클 태

▶泰山(태산) 썩 높고 큰 산

★ 泰자를 분해하면
三(석 삼) + 人(사람 인) + 水(물 수) = 泰(클 태)

Q. 물가에 서서 우는 글자는?

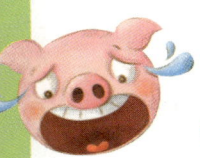

泣
울 읍

★ 氵(삼수변) + 立(설 립)
= 泣(울 읍)

▶泣訴(읍소)
울면서 간절히 호소함.

Q. 밭 위로 물이 솟아 나는 것은?

기름 (석유)

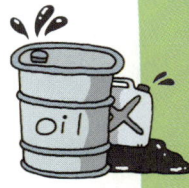

★ 氵(삼수변) + 由(말미암을 유) = 油(기름 유)

▶油田(유전) 석유가 나는 곳

*由를 田(밭 전) 위로 물이 솟아나는 것으로 보았다. 석유는 지하에서 솟아 나오는 탄화수소의 혼합물로 천연 그대로의 것을 원유(原油)라고 한다. 석유는 물보다 가볍고 특이한 냄새가 난다.

Q. 물을 또 차는 까닭은?

(어떤 일을 하지 못하게) 막으려고.

★ 氵(삼수변) + 且(또 차) = 沮(막을 저)

▶沮止(저지) 막아서 못하게 함.

Q. 매양(언제나) 물이 차 있는 곳은?

바다

▶海洋(해양)
큰 바다

★ 氵(삼수변) + 每(매양 매) = 海(바다 해)

Q. 물의 표면에 생기는 것은?

물결(파도)

★ 氵(삼수변) + 皮(가죽 /거죽 피) = 波(물결 파)

▶波濤(파도)
바다의 출렁이는 물결

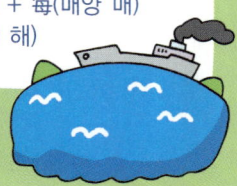

Q. 바다는 남성일까 여성일까?

여성　★ 洋(큰바다 양). ~양이므로.

▶太平洋(태평양)
3대양의 하나로 지구 전체 해양의 약 절반을 차지한다.

Q. 호수란?

물가의 오래된 달

★ 氵(삼수변) + 古(예 고) + 月(달 월) = 湖(호수 호)

▶湖水(호수) 땅이 우묵하게 들어가 물이 괴어 있는 곳

Q. 물과 해가 만났다. 어느 쪽이 더 강할까?

물

★ 氵(삼수변) + 日(날 일) = 汨(빠질 골).
물에 빠지게(잠기게) 되므로.

▶汨沒(골몰) 다른 생각을 할 겨를도 없이 한 가지 일에만 파묻힘.

Q. 물이 적어서 생겨나는 모래를 한자로 쓰면?

沙 모래 사

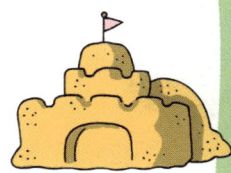

★ 氵(삼수변) + 少(적을 소)
= 沙(모래 사)   *沙 = 砂(모래 사)

Q. 물 흐르듯이 이야기하는 글자는?

沓 겹칠 답

★ 水(물 수) + 曰(가로 왈)
 = 沓(겹칠 답)

▶ 雜沓(잡답)
(사람이 많이 몰려) 북적북적
하고 복잡함. 혼잡

Q. 밭이 물 밑에 가라앉은 글자는?

畓 논 답

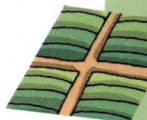

★ 水(물 수) + 田(밭 전)
 = 畓(논 답)

▶ 天水畓(천수답)
오직 빗물에 의해서만 경작할
수 있는 논. 천둥지기

Q. 물가에 여자가 서 있다. 누구일까?

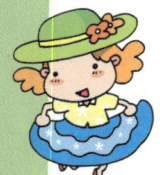

너(you)

★ 氵(삼수변) + 女(계집 녀)
 = 汝(너 여). 너여!

Q. 사나운 물은?

폭포

★ 氵(삼수변) + 暴(사나울 폭)
 = 瀑(폭포 폭)

▶ 瀑布(폭포)
높은 데서 쏟아져 내리는 물

98

Q. 뼈가 물을 만나면 어떻게 될까?

미끄러진다.

★ 氵(삼수변) + 骨(뼈 골)
= 滑(미끄러질 활)

▶滑走路(활주로)
비행장 안의, 비행기가 이착륙할 때 달리는 길

Q. 물가에 방패를 세워 놓으면 무엇이 날까?

땀

★ 氵(삼수변) + 干(방패 간) = 汗(땀 한)

▶汗牛充棟(한우충동)
수레에 실으면 소가 땀을 흘리고, 방에 쌓으면 들보에 닿을 만하다는 뜻으로, 책이 많음을 비유한다.

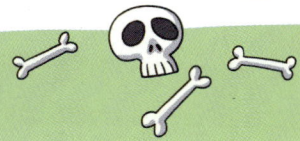

Q. 하얀 물이 나오는 곳은?

샘

★白(흰 백) + 水(물 수)
= 泉(샘 천)

▶溫泉(온천)
천연의 특수한 물이 땅속에서 땅 위로 나오는 것. 우리나라에서는 25℃ 이상의, 인체에 무해한 온수를 온천으로 규정하고 있다.

Q. 물가에 밑 빠진 상자가 하나 있는데 그 안에 한 사람이 들어 있는 글자는?

洞 골 동

▶ 洞事務所(동사무소)
동의 행정 사무를 맡아보는 곳

▶ 洞窟(동굴)
(자연적으로 생긴) 깊고 넓은 굴

★ 氵(삼수변) + 冂(멀경몸) + 一(한 일) + 口(입 구)
= 洞(골 동) *口(입 구)를 사람으로 보았다.

▶ 洞察(통찰)
전체를 훤히 내다보아 살핌.

*洞은 '통할 통' 으로도 새긴다.

Q. 물가에 형이 서 있는 글자는?

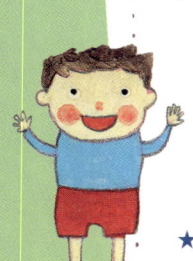

況
상황 황

▶ 狀況(상황)
일이 되어 가는 형편이나 모양

▶ 況且(황차)
하물며

★ 氵(삼수변) + 兄(형 형) = 況(상황 황)

Q. 물가에 나무가 한 그루
있는데 그 나무 밑에 사람이
있고 사람 밑에는 물이 괴어
있는 글자는?

漆 옻 칠

★ 氵(삼수변) + 木(나무 목) + 人(사
람 인) + 氺(물 수) = 漆(옻 칠)

▶漆板(칠판)
검은 칠 등을 하여 분필로 글씨를 쓰도록
만든 널조각. 흑판

Q. 마늘 먹은
입을 물로 씻어
내는 글자는?

治
다스릴 치

★ 氵(삼수변) + ㅿ(마
늘모) + 口(입 구) =
治(다스릴 치)

▶政治(정치)
국가의 주권을 위임받은
자가 그 영토와 국민을
다스리는 일

Q. 물이 차고 넘치는 글자는?

流 흐를 류

▶流水(유수)
흐르는 물

★ 流자를 잘 살펴보면 氵(삼수변) + 充(찰 충)에 ㅣ이
더해져 있다. 그래서 물이 차고 넘치는 것으로 보았다.

Q. 물은 아침에…?

조수가 된다.

★ 氵(삼수변) + 朝(아침 조)
= 潮(조수 조)

▶潮水(조수)
①해와 달, 특히 달의 인력에 의하여 주기적으로 바다면의 높이가 높아졌다 낮아졌다 하는 현상. 또는 그 바닷물
②아침에 밀려들었다가 나가는 바닷물

Q. 물은 밤에…?

▶液體(액체)
물이나 기름처럼 일정한 부피는 있으나 고유한 모양을 가지지 않는 유동성의 물질

진이 된다.

★ 氵(삼수변) + 夜(밤 야) = 液(진 액)

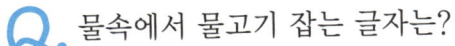

Q. 물속에서 물고기 잡는 글자는?

★ 氵(삼수변) + 魚(고기 어)
= 漁(고기잡을 어)

漁 고기잡을 어

▶漁夫(어부) 고기잡이를 업으로 하는 사람

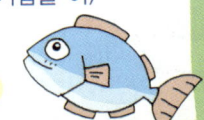

Q. 물가에 가서 가장 먼저 하는 일은?

씻는다. ▶ 洗手(세수) 낯을 씻음.

★ 氵(삼수변) + 先(먼저 선) = 洗(씻을 세)

洗手(세수)

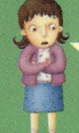

아들! 세수하랬더니 손만 씻니? 다시 해!

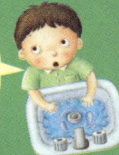

왜 그러세요? 세수했잖아요.

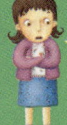

그게 세수야?

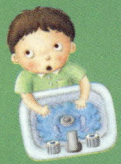

맞잖아요. 씻을 세(洗), 손 수(手).
손 씻으라고 하셨잖아요.
엄마도 한자 공부 좀 하시라구요.

* '세수'를 한자로 풀이하면 손을 씻는다는 뜻이 된다.

Q. 언덕(굴바위) 안에 갇힌 불은?

재

★ 厂(민엄호) + 火(불 화)
= 灰(재 회)

▶灰色(회색)
잿빛. 흔히 '재색' 이라고도 함.

Q. '불난 데 부채질 한다' 는 속담에 꼭 어울리는 한자는?

炎 불꽃 염

★ 火(불 화) + 火(불 화)
= 炎(불꽃 염)

▶炎天(염천)
몹시 더운 여름의 기후

Q. 산 밑에 있는 재는?

숯

★ 山(메 산) + 灰(재 회)
= 炭(숯 탄)

▶石炭(석탄)
태고 때의 식물이 매몰된 후
땅의 열과 압력을 받아 생성
된 흑갈색의 고체 연료

Q. 불이 사나우면?

폭발한다.

★ 火(불 화) + 暴(사나울 폭)
= 爆(폭발할 폭)

▶爆發(폭발)
불이 일어나며 갑작스럽게 터짐.

Q. 불꽃이 이는 궁을 나타내는 글자는?

營 경영할 영

★ 炎(불꽃 염)과 宮(집 궁)을 합친 글자이다.

*營(경영할 영)은 본래 화톳불을 밝힌 진영을 나타내었다.

▶ 經營(경영)
계획을 세워 운영하여 나감.

▶ 兵營(병영)
군사가 들어 거처하는 집

Q. 개미 허리 밑에 불이 나면?

재앙

★ 巛(개미허리) + 火(불 화) = 災(재앙 재)

*巛(개미허리)는 川(내 천)이 변한 부수이다.

▶ 災殃(재앙)
천지자연의 변동으로 말미암아 생긴 불행한 사고

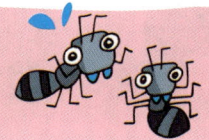

Q. 불을 들고 오르려면 필요한 것은?

등

★ 火(불 화) + 登(오를 등) = 燈(등 등)

▶ 電燈(전등) 전구에 전기를 공급하여 빛을 내는 등불

Q. 불이 열(죽 벌이어 선 줄)을 지어서 눈이 매운 글자는?

烈 매울 렬

▶烈火(열화)
맹렬하게 타는 불

★ 列(벌일 렬) + 灬(연화발) = 烈(매울 렬)

* 灬(연화발)은 火(불 화)가 받침으로 쓰일 때의 모양이다.

Q. 불 위에서도 무엇이든지 할 수 있는 동물은?

곰

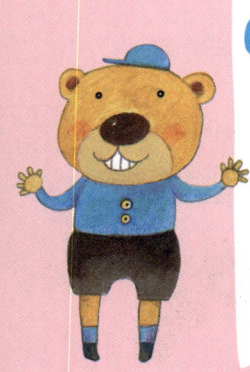

★ 곰을 뜻하는 熊(곰 웅)을 분해하면 能(능할 능) + 灬(연화발). 불 위에서도 능력을 발휘하는 놀라운 동물이라니······.

▶熊女(웅녀) 전설상의 단군의 어머니.
본래 암곰이었는데 마늘과 쑥을 먹고 인간이 된 뒤 환웅과 결혼하여 단군을 낳았다고 한다.

Q. 수풀에 불붙인 글자는?

焚 불사를 분

▶焚身(분신) 몸을 불사름.

★ 林(수풀 림) + 火(불 화) = 焚(불사를 분)

Q. 저녁에 불티가 날리는데
개가 돌아다니는 글자는?

然 그럴 연

★夕(저녁 석) + `(티) +
犬(개 견) + 灬(연화발) =
然(그럴 연)

▶自然(자연)
사람의 힘을 더하지 아니한,
우주 사이에 저절로 된 그대
로의 상태. 또는 사람의 힘
으로는 어쩔 수 없는 상태

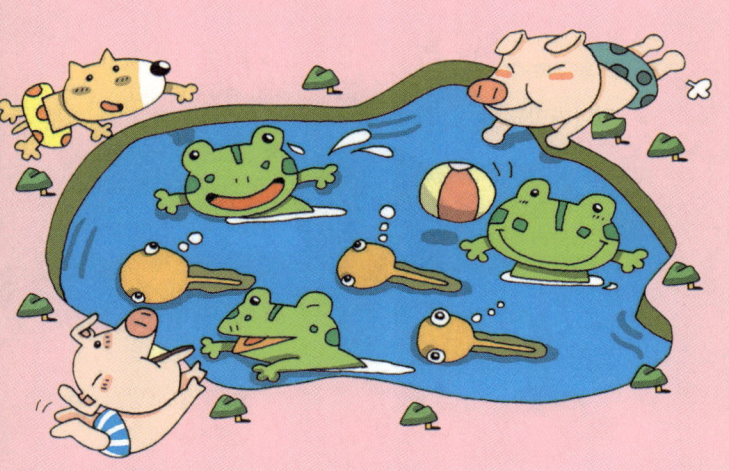

Q. 어진 달을 한 글자로 쓰면?

朗 밝을 랑　　▶明朗(명랑) 맑고 밝음.

★ 良(어질 량) + 月(달 월) = 朗(밝을 랑)

Q. 그 달을 한 글자로 나타내면?

期 기약할 기

★ 其(그 기) + 月(달 월) = 期(기약할 기)

▶期約(기약) 때를 정하여 약속함.

Q. 쌍둥이 달을 한자로 쓰면?

朋 벗 붕

★ 月(달 월) + 月(달 월) = 朋(벗 붕)

▶朋友有信(붕우유신) 벗 사이에는 믿음이 있어야 함.

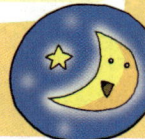

Q. 왕의 머리 위에 있던 달이 망한(사라진) 글자는?

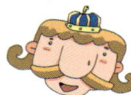

望 바랄 망　　▶所望(소망) 바라는 바

★ 亡(망할 망) + 月(달 월) + 王(임금 왕) = 望(바랄 망)

108

Q. 다음 중 가장 겸손한 글자는?

①我(나 아) ②余(나 여)
③汝(너 여) ④朕(나 짐)

④朕(나 짐)

★ 임금이 나(자기)는 짐(귀찮은 물건)이라고 하니, 얼마나 겸손한가. *朕(나 짐)은 임금이 자기를 일컫던 말이다.

Q. 갓 시집온 새색시에게 시어머니가 콩을 한 바가지 주며 朋자를 써 보였다. 무슨 말일까?

①밭에 심어라.
②두부를 만들어라.
③콩밥을 지어라.
④볶아라.

④볶아라.

★ 朋(벗 붕)을 분해하면 月(달 월) + 月(달 월). 달 + 달, 즉 달달 볶으라는 말임.

▶朋黨(붕당)
이해(利害)나 주의(主義)를 같이하는 사람들이 맺은 단체

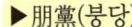
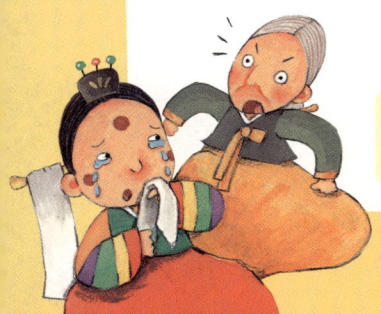

109

Q. 10월 10일을 한 글자로 줄이면?

朝 아침 조

▶朝鮮(조선)
우리나라의 옛 나라 이름.
단군 ~, 이씨 ~ 등.
*鮮(고울 선)

★ 朝(아침 조)자를 분해하면
十(열 십) + 日(날 일) + 十(열 십) + 月(달 월)

Q. 패션모델 등 옷 복이 터진 사람들에게 꼭 어울리는 글자는?

服 옷 복

▶衣服(의복)
옷

★ '~ 복이 터지다'는 당하게 되는 몫이 많음을 이른다. 자식 복, 일복 등등.

직업과 하는 일

변호사(辯護士)란?　똥을 좋아하는 선비
★ 便(똥오줌 변) + 好(좋을 호) + 士(선비 사)

판사(判事)란?
판(레코드판 등 음반을 이름) 장수. 판 사!

검사(檢事)란?
검팔이. 검 사! 또는 칼 장수. 劍(칼 검)

의사(醫師)란? 옷 장수. 衣(옷 의) 사!

약사(藥師)란? 약 장수. 약 사!

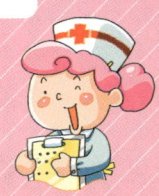

간호사(看護師)란?
순대 먹을 때 간을 좋아하는 사람

목사(牧師)란?
나무꾼. 나무(木) 사! 또는 자기 목을 사
달라고 하는 가여운 사람.

교사(敎師)란? 校(학교)사! 학교 파는 사람

신사(紳士)란? 신 사! 신발 장수

미용사(美容師)란? 美(아름다울 미) + 龍(용 용) + 사!
아름다운 용 파는 사람

111

Q. 목말을 타고 담 너머를 살피는 글자는?

肉 고기 육

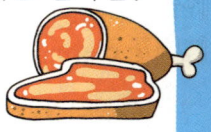

★ 冂(멀경몸) + 人(사람 인) + 人(사람 인)
  = 肉(고기 육)

*人 + 人을 한 사람이 다른 한 사람을 목말 태운 것으로 보았음.

▶肉食(육식) 고기붙이를 주식으로 먹음.

Q. 관청 안에 숨긴 고기가
    썩는 것을 나타낸 글자는?

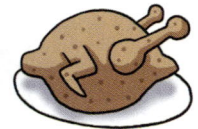

腐 썩을 부

★府(관청/고을 부) + 肉(고기 육) = 腐(썩을 부).
  뇌물로 받은 고기였나?

▶腐敗(부패)
단백질이나 지방 따위의 유기물이 미생물의 작용으로 분해되는 과정.
또는 그런 현상. 독특한 냄새가 나거나 유독성 물질이 발생한다.

Q. 우리 몸에서 힘 쓰는 곳은?

갈빗대

★ 月(육달월) + 力(힘 력) = 肋(갈빗대 륵)

▶ 肋骨(늑골)
흉곽을 이루는 활 모양의 긴 뼈. 갈비뼈

Q. 우리 몸에서 방패 역할을 하는 곳은?

간

★ 月(육달월) + 干(방패 간) = 肝(간 간)

▶ 肝膽(간담) 간과 쓸개

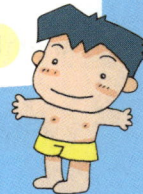

Q. 우리 몸에서 가장 요긴한 곳은?

허리

▶ 腰折腹痛(요절복통)
너무 우스워서 허리가 끊어질 듯하고 배가 아픔.

★ 月(육달월) + 要(요긴할 요) = 腰(허리 요)

Q. 우리 몸에서 저자(시장) 역할을 하는 곳은?

허파(폐)

▶肺病(폐병)
폐의 질병의 총칭. 특히 폐결핵

★ 月(육달월) + 市(저자 시) = 肺(허파 폐)

*폐는 육지에 사는 동물의 중요한 호흡기의 하나로
사람에게는 좌우 양쪽에 있다.

Q. 우리 몸의 북쪽에
있는 것은?

등

★ 北(북녘 북) + 月(육달월)
= 背(등 배)

▶背景(배경) 뒤쪽의 경치

Q. 우리 몸을
지탱하는 것은?

사지(팔다리)

★ 月(육달월) + 支(지탱할 지)
= 肢(사지 지)

▶肢體(지체) 팔다리와 몸

Q. 우리 몸에서 별을 가장 닮은 부위는?

입술

▶脣音(순음) 입술소리

★ 辰(별 진) + 月(육달월) = 脣(입술 순)

*辰은 '때 신'이라고도 새긴다.

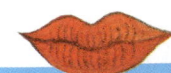

Q. 우리 몸에서
밭과 같은 곳은?

위

★ 田(밭 전) + 月(육달월)
 = 胃(밥통 위)

▶ 胃腸(위장) 위와 장

Q. 우리 몸에서
가장 무거운 곳은?

부스럼

★ 月(육달월) + 重(무거울
중) = 腫(부스럼 종)

▶ 腫氣(종기) 부스럼

Q. 우리 몸에서 장인
처럼 재주가 뛰어난
곳은?

똥구멍

★ 月(육달월) + 工(장인 공)
 = 肛(똥구멍 항)

▶ 肛門(항문) 똥구멍

Q. 우리 몸에서
지게 없는 곳은?

어깨

★ 戶(지게 호) + 月(육달월)
 = 肩(어깨 견)

▶ 肩章(견장)
군인·경찰관 등의 제복 어깨에
붙이는 직위나 계급을 밝히는
마크나 배지

홀몸이 아님을
나타낸 글자는?

胚
아이밸 배

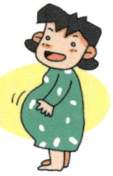

★ 月(육달월) + 不(아닐 부/불)
+ 一(한 일) = 胚(아이밸 배).
몸이 하나가 아니다.

▶胚芽(배아)
발생 초기의 생물체. 즉, 수정
된 난세포가 자라서 된 극히
시초적인 것.

Q. 싸여 있는 몸을
나타낸 글자는?

胞
세포 포

★ 月(육달월) + 包(쌀 포)
= 胞(세포 포)

▶細胞(세포)
생물체의 가장 기본적인
구성 단위

Q. 거꾸로 나온 아들을 살이 오르게 키운
다는 뜻을 가진 글자는?

▶育兒(육아)
어린아이를 기름.

育 기를 육

★ 厶 + 月(육달월) = 育(기를 육).
· 厶은 子(아들 자)가 거꾸로 된 모양.
· 아기는 태어날 때 대부분 거꾸로 나온다 함.

116

Q. 호랑이의 위는?

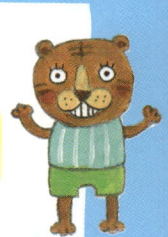

살갗

▶皮膚(피부)
동물의 몸의 겉을 싸고 있는 조직

★虍(범호엄) + 胃(밥통 위) = 膚(살갗 부)

Q. 오랑캐란?

옛날 고기

★古(예 고) + 月(육달월)
= 胡(오랑캐 호)

▶胡亂(호란)
오랑캐가 일으킨 난리

*오랑캐 : 고려 말기부터 조선 초기에 걸쳐 두만강 일대에 살던 여진족을 '미개한 종족'이라는 뜻으로 멸시하여 이르는 말

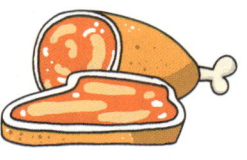

Q. 착하게 만드는
반찬의 재료는?

고기

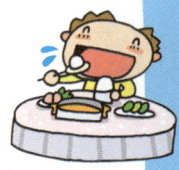

★반찬을 뜻하는 한자 膳(반찬 선)을 분해하면 月(육달월) + 善(착할 선). 즉, 고기에 착한 마음을 더하면 반찬이 된다.

▶膳物(선물) 남에게 물품을 선사함.

*膳(반찬 선)은 '바치다'라는 뜻도 있다.

Q. 몸을 그치고(멈추고) 즐기는 글자는?

肯 즐길 긍

▶肯定(긍정) 그러하다고 인정함.

★ 止(그칠 지) + 月(육달월) = 肯(즐길 긍)

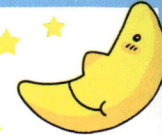

Q. 달밤에 나무 밑에 사람이 있고 그 밑에 물이 흐르는 글자는?

膝 무릎 슬

▶膝下(슬하)
무릎 아래라는 뜻으로, 어버이 곁을 이름.

★ 月(달 월) + 木(나무 목) + 人(사람 인) + 氺(물 수)
= 膝(무릎 슬) *본디 여기서 月은 '육달월'로 쓰였다.

Q. '달과 해는 하나가 아니다'를 한 글자로 쓰면?

腸 창자 장

▶盲腸炎(맹장염)
충수염을 통속적으로 이르는 말. 맹장의 아래 끝에 붙어 있는 가느다란 관 모양의 돌기에 생기는 염증

★ 月(달 월) + 日(날 일) + 一(한 일) + 勿(아니 물)
= 腸(창자 장) *본디 여기서 月은 '육달월'로 쓰였다.

118

Q. 마늘과 비수 두 개를 몸에 지니고 있어 뭐든지 할 수 있는 글자는?

能 능할 능

▶能力(능력)
어떤 일을 이룰 수 있는 힘

★ 厶(마늘모) + 月(육달월) + 匕(비수 비)
+ 匕(비수 비) = 能(능할 능)

Q. 몸에 비수를 지니고 있는 날은 기름을 얻게 된다는 글자는?

脂 기름 지

★ 月(육달월) + 匕(비수 비) + 日(날 일) = 脂
(기름 지). 몸에 비수를 감추고 있는 날은 사냥
을 하여 고기를 먹을 수 있어서인가?

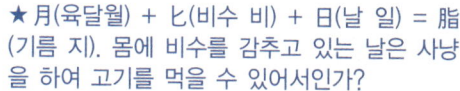

▶脂肪(지방) 동·식물 등에 포함되어 있는 굳기름

Q. 몸이 길어지는 글자는?

脹 부을 창

▶膨脹(팽창)
부풀어 띵띵함.

★ 月(육달월) + 長(긴 장) = 脹(부을 창)

Q. 여덟 명의 형이 알몸이 되는 글자는?

脫 벗을 탈

★ 月(육달월) + 八(여덟 팔) + 兄(형 형) = 脫(벗을 탈).
형 여덟이 벗으니 알몸 상태……

▶脫皮(탈피)
①파충류·곤충류 따위가 성장함에 따라 허물이나 표피를 벗는 일
②낡은 사고방식에서 벗어남.

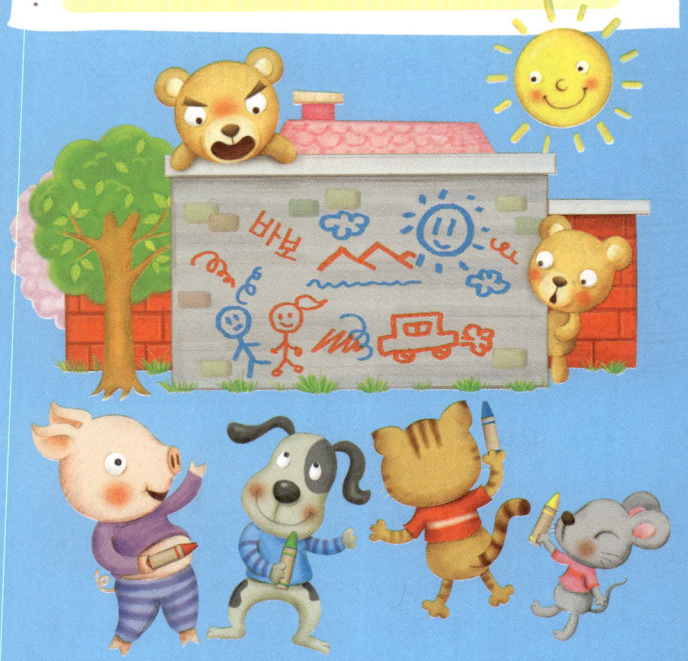

120

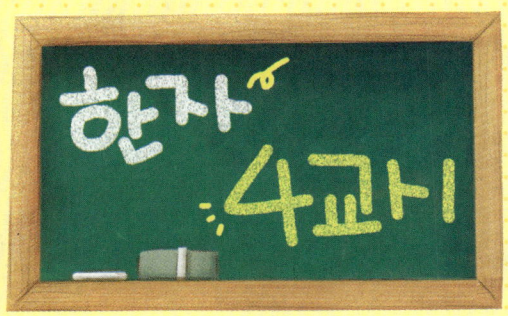

한자 4교시

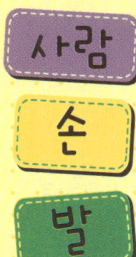

사람

손

발

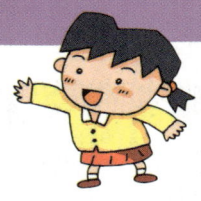

Q. 사람 + 1은?

大 큰 대

★ 人(사람 인) + 一(한 일)
　= 大(큰 대)

▶大門(대문) 집의 정문

Q. 사람 + 2는?

仁 어질 인　　**夫** 지아비 부

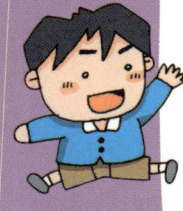

★ 亻(사람인변) + 二(두 이) = 仁(어질 인)
　二(두 이) + 人(사람 인) = 夫(지아비 부)

▶仁慈(인자) 마음이 어질고 자애로움.
▶夫婦(부부) 남편과 아내

Q. 사람 + 5는?

伍 대오 오

▶隊伍(대오)
편성된 대열

★ 亻(사람인변) + 五(다섯 오) = 伍(대오 오)

Q. 사람 + 9는?

仇
원수 구

★ 亻(사람인변) + 九(아홉 구)
= 仇(원수 구)

▶仇讐(구수) 원수

Q. 사람 + ½은?

伴 짝 반

★ 亻(사람인변) + 半(반 반)
= 伴(짝 반)

▶伴侶(반려) 짝이 되는 벗

Q. 사람의 나머지 절반은 누구일까?

짝

★ 亻(사람인변) + 半(반 반) = 伴(짝 반)

▶伴奏(반주) 성악이나 기악을 좇아 다른 악기로 이를 돕는 연주

Q. 사람에게 등뼈 같은 존재는 누구일까?

짝   ▶僧侶(승려) 중

★ 亻(사람인변) + 呂(등뼈 려) = 侶(짝 려)

Q. 늘 달러(dollar)를 지니고 있는 사람은?

부처

★ 亻(사람인변) + 弗(아닐 불) = 佛(부처 불)

*弗(아닐 불)은 달러(dollar)를 나타내기도 한다.

▶佛教(불교) 석가모니를 교조로 삼고 그의 설법을 종지(宗旨)로 하는 종교

Q. 광대는 사람일까 아닐까?

*광대 : ①옛날에, 가면극·인형극 같은 연극이나 판소리·줄타기 등을 하던 직업적 예능인 ② '연예인'을 얕잡아 이르는 말

사람이 아니다.

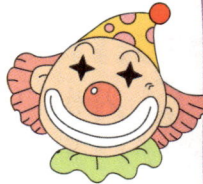

★ 광대를 뜻하는 俳(광대 배)를 분해 하면 亻(사람인변) + 非(아닐 비). 즉, 광대는 사람이 아니다.

▶俳優(배우) 연극이나 영화 속의 인물로 분장하여 연기하는 사람

Q. 사람 둘이 큰 나무에 매달려 있는 글자는?

來 올 래

▶來日(내일) 오늘의 바로 다음날

★ 來자를 잘 살펴보면 사람(人) 둘이 커다란 나무(木)에 매달려 있는 것처럼 보인다.

Q. 사람이 상(賞)을 받으면 어떻게 해야 할까?

갚아야 한다.

★ 亻(사람인변) + 賞(상줄 상)
= 償(갚을 상)

▶ 報償(보상) 남에게 진 빚이나 받은 물건을 갚음.

▶ 補償(보상) 남에게 끼친 손해를 갚음.

Q. 다음 중 사람이
가장 믿을 만한 것은?

①발　　②옷
③나무　④말(말씀)

④말(말씀)

★ 亻(사람인변) + 足(발 족) = 促(재촉할 촉)
亻(사람인변) + 衣(옷 의) = 依(의지할 의) ◀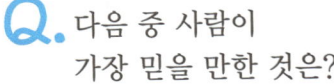
亻(사람인변) + 木(나무 목) = 休(쉴 휴)
亻(사람인변) + 言(말씀 언) = 信(믿을 신)
그러므로 ④

▶ 信仰(신앙)
종교상의 가르침을 믿고 받듦.

Q. 다음 중 사람
이 가장 의지할
만한 것은?

①발　　②옷
③나무　④말(말씀)

②옷

▶ 依支(의지)
(남에게 마음을) 기대어
도움을 받음.

125

Q. 한 사람이 주인이면?

**머물러
산다.**

▶住民(주민)
그 땅에 사는 백성

★ 亻(사람인변) + 主(주인 주)
= 住(살 주)

Q. 두 사람이
주인이면?

간다.

★ 彳(두인변) + 主(주
인 주) = 往(갈 왕)

▶往來(왕래) 오고 감.

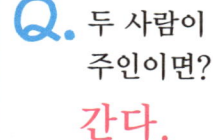

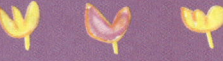

Q. 두 사람이 절에 가서 하는 일은?

기다리기

▶待機(대기)
기회를 기다림.

★彳(두인변) + 寺(절 사) = 待(기다릴 대)

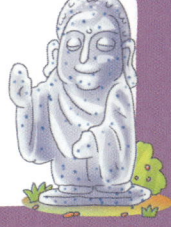

Q. 두 사람이 같이 달리면 무슨 일이 일어날까?

무리를 이룬다.

★彳(두인변) + 走(달릴 주) = 徒(무리 도)

▶生徒(생도) 군의 교육 기관, 특히 사관 학교의 학생

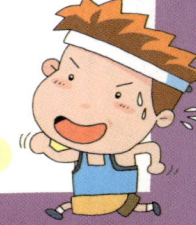

Q. 사람이 산에 들어가면 무엇이 될까?

①나무꾼 ②신선 ③귀신 ④부처

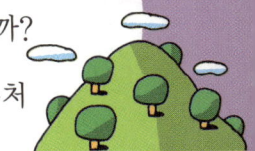

②신선 ▶神仙(신선) 도를 닦아서 신통력을 얻은 사람

★ 亻(사람인변) + 山(메 산) = 仙(신선 선)

Q. 사람이 어른이 되었을 때 잡게 되는 것은?

①돈 ②부채 ③무기 ④집

③무기 ▶儀仗(의장) 의식에 쓰는 무기나 물건

★ 亻(사람인변) + 丈(어른 장) = 仗(무기 장)

Q. '부활한 사람'을 한 글자로 나타내면?

便 편할 편/똥오줌 변

▶簡便(간편)
간단하고 편리함.

★ 亻(사람인변) + 更(고칠 경/다시 갱) = 便(편할 편/똥오줌 변). 즉, 사람이 다시 태어났으니……

Q. 사람이란 말에는 모두 몇 개의 뜻이 있을까?

1억 개

★ 亻(사람인변) + 意(뜻 의) = 億(억 억)

▶ 億萬長者(억만장자)
헤아리기 어려울 정도로 많은 재산을 가진 사람

Q. 우산은 몇 사람이 쓸까?

네 명

★ 傘(우산 산)자의 글자 모양을 잘 살펴보면 人(사람 인)이 4개 들어 있다.

▶ 陽傘(양산)
볕을 가리기 위하여 쓰는, 우산 같이 만든 물건

Q. 장인(기술자)이 양쪽에 두 사람을 끼고 있으면 어떻게 될까?

무당이 된다.

★ 工(장인 공) + 人(사람 인) + 人(사람 인) = 巫(무당 무)

▶ 巫女(무녀) 무당

Q. 사람이 벼슬아치가 되면 어떻게 될까?

(사람을) 부린다.

★ 亻(사람인변) + 吏(벼슬아치 리) = 使(부릴/하여금 사)

▶ 使臣(사신)
임금의 명을 받고 외국에 파견되는 신하

Q. 세 사람이 축구를 하는데, 그중 한 사람이 공을 차올리고 넘어진 모양의 글자는?

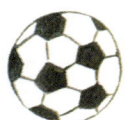

似
같을 사

★ 글자의 모양을 살펴보면, 왼쪽과 오른쪽 가장자리에 사람(人)이 있고, 가운데는 사람이 넘어진 모양이다. 가운데 위쪽의 점이 축구공.

▶類似(유사) 서로 비슷함.

Q. 세 사람이 해를 딛고 올라선 글자는?

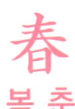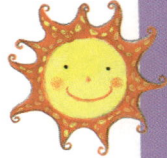

春
봄 춘

★三(석 삼) + 人(사람 인) + 日(날 일) = 春(봄 춘)

▶春秋(춘추)
①봄과 가을 ②어른의 나이를 높이어 이르는 말

Q. 남쪽 담이 없는 어느 집에 두 사람이 숨었는데, 한 사람이 다른 사람의 어깨 위에 올라타 머리를 내밀고 망을 보는 글자는?

肉 고기 육 　★ 글자의 모양을 살펴보라.

▶肉體(육체) 구체적인 물체로서의 사람의 몸뚱이

Q. 세로로 반을 나누면, 왼쪽은 밥 먹고 두 발로 걷고, 오른쪽은 여물 먹고 네 발로 걷는 글자는?

件 물건 건

★ 亻(사람인변) + 牛(소 우) = 件(물건 건)

▶物件(물건) 일정한 형체를 갖춘 모든 물질적인 대상

Q. 사람이 소를 몰고 가는 글자는?

件 물건 건

★ 亻(사람인변) + 牛(소 우) = 件(물건 건)

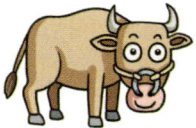

▶條件(조건)
어떠한 일을 진행되게 하거나 성립되게 하기 위하여 갖추어야 할 요소

Q. 사람이 고체 같은 딱딱한 물체를 하나하나 세는 글자는?

個 낱 개

★ 亻(사람인변) + 固(굳을 고) = 個(낱 개). 個는 낱으로 된 물건을 세는 단위로도 쓰인다. (~개)

▶個人(개인)
국가나 단체에 대하여, 그것을 구성하는 낱낱의 사람

Q. 사람과 입 사이에 막대를 놓아 서로 떨어뜨려 놓고 합했다고 하는 글자는?

合 합할 합

▶合唱(합창)
여러 사람이 목소리를 맞추어 노래를 부름.

★ 人(사람 인) + 一(한 일) + 口(입 구) = 合(합할 합)

Q. 섬길 줄 아는 사람은 다음 중 누구일까?

①벼슬아치 ②선비
③아들   ④주인

②선비

★ 亻(사람인변) + 士(선비 사) = 仕(섬길 사)
　亻(사람인변) + 吏(벼슬아치 리) = 使(부릴/하여금 사)
　亻(사람인변) + 子(아들 자) = 仔(자세할 자)
　亻(사람인변) + 主(주인 주) = 住(살 주)

▶奉仕(봉사)
(국가나 사회 또는 남을 위하여) 자신을 돌보지 아니하고 애씀.

Q. 두 사람이 흙 위에 나란히 앉아 있는 글자는?

坐 앉을 좌

▶坐不安席(좌불안석)
불안·근심 등으로 자리에 가만히 앉아 있지를 못함.

★人(사람 인) + 人(사람 인) + 土(흙 토) = 坐(앉을 좌)

Q. 사람을 감옥에 가둔 글자는?

囚 가둘/죄인 수

★囗(큰입구몸) + 人(사람 인) = 囚(가둘/죄인 수)

▶罪囚(죄수) 교도소에 수감된 죄인

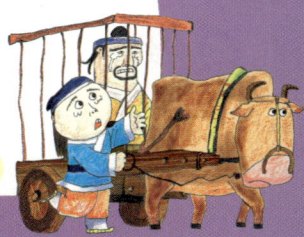

Q. 두 사람이 뿔 달린 모자 하나를 함께 쓰고 십자가에 올라가 앉은 글자는?

卒 마칠 졸

★卒은 十(열 십 : 십자가를 이름) 위에 두 사람(人人)이 모자를 함께 쓴 모양이다.

▶卒業(졸업) 학생이 소정의 교과 과정을 모두 마침.

Q. 거울 속에 비친 사람을 나타내는 글자는?

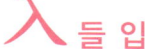 들 입

★ 거울 속에서는 좌우가 바뀐다. 人(사람 인)자가 거울 속에서는 入(들 입)자가 된다.

Q. 한 사람이 대들보를 어깨에 메고 가는데, 머리 위에 양 한 마리가 앉아 있는 것은?

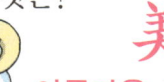

美

아름다울 미

▶美人薄命(미인박명)
미인은 불행하거나 병약하여 일찍 죽는 일이 많다는 말

★美는 大(큰 대) 위에 양(羊)이 앉은 모양이다. 大를 사람(人)의 어깨에 대들보(一)를 얹은 모양으로 보았다.

Q. 원두막에 네 사람이 앉아 있는 글자는?

傘 우산 산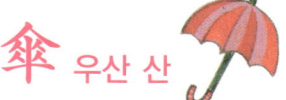

▶傘下(산하)
어떤 통일적인 기구나 조직의 관할 아래

★傘자의 모양을 잘 살펴보면 원두막에 네 명의 사람이 있는 것처럼 보인다.

Q. 사람과 소가 다정하게 붙어 다니는 글자는?

件 물건 건

★ 亻(사람인변) + 牛(소 우)
= 件(물건 건)

▶ 件數(건수)
사건이나 사물의 가짓수

Q. 사람과 소가 나란히 있다. 소는 사람을 어떻게 여길까?

**사람 아닌
물건으로 여긴다.**

★ 亻(사람인변) + 牛(소 우)
= 件(물건 건)

▶ 事件(사건)
관심이나 주목을 끌 만한 일

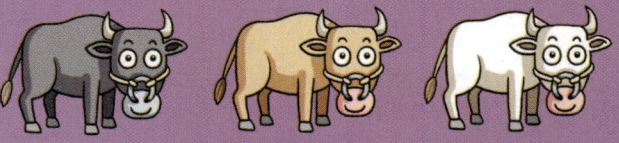

Q. 사람이 근심에 잠기면 마음이 어떻게 변할까?

넉넉해진다.　　▶ 優秀(우수) 훌륭하여 뛰어남.

★ 亻(사람인변) + 憂(근심 우) = 優(넉넉할 우).
모름지기 사람이 근심 걱정을 경험하면 한결
마음이 넉넉하고 부드러워지는 법……

Q. 什은 '열사람 십' 이다. 한 사람이 줄면?

仇 원수 구 ▶仇人(구인) 원수진 사람

★ 亻(사람인변) + 九(아홉 구) = 仇(원수 구)

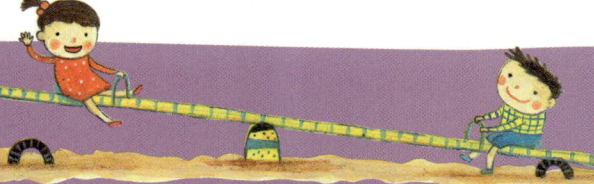

Q. 什은 '열사람 십'이다. 다섯 사람이 줄면?

伍
대오 오

★ 亻(사람인변) + 五(다섯 오) = 伍(대오 오)

▶落伍(낙오)
①대오에서 뒤떨어짐. ②사회나 시대의 진보에 뒤떨어짐.

Q. 什은 '열사람 십'이다. 여덟 사람이 줄면?

仁
어질 인

★ 亻(사람인변) + 二(두 이) = 仁(어질 인)

▶仁者(인자) 마음이 어진 사람

135

Q. 사람이 설 곳은?　　　**자리 위**

★ 亻(사람인변) + 立(설 립) = 位(자리 위)

▶位置(위치) 일정한 곳에 자리를 차지함.

Q. 사람이 많아지면 어떤 일이 일어날까?

사치스러워진다.

★ 亻(사람인변) + 多(많을 다) = 侈(사치할 치)

▶奢侈(사치)
제 분수에 지나치게 옷·음식· 거처 따위를 치레함.

Q. 골짜기에 사는 사람에게 생기는 것은?　　**풍속**

★ 亻(사람인변) + 谷(골 곡) = 俗(풍속 속)

▶俗談(속담)
옛적부터 민간에 전하여 오는 알기 쉬운 격언 또는 잠언

Q. 사람이 창을 들면 어떻게 하고 싶어질까?

치고 싶어진다.

★ 亻(사람인변) + 戈(창 과) = 伐(칠 벌)

▶征伐(정벌) 군사로써 적군이나 죄 있는 무리를 침.

Q. 사람이 발을 내미는 것은 무슨 까닭일까?

재촉하려고.

★ 亻(사람인변) + 足(발 족) = 促(재촉할 촉)

▶促求(촉구)
재촉하여 바람.

Q. 便(편할 편)은 '똥오줌 변'이라고도 한다. 왜 그럴까?

사람이 똥을 누거나 오줌을 누고 나면 속이 편해지므로.

▶便利(편리) 편하고 이로우며 이용하기 쉬움.
▶便所(변소) 대소변을 배출하기 위한 시설. 뒷간

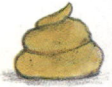

Q. 세 개의 밭 옆에 사람이 있다. 누구일까?

허수아비

★ 亻(사람인변) + 田(밭 전) + 田(밭 전)
 + 田(밭 전) = 儡(허수아비/꼭두각시 뢰)

▶傀儡(괴뢰) 남의 조종에 따라 주체성 없이 움직이는 사람

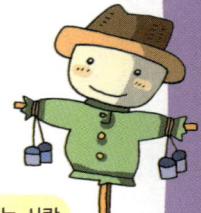

Q. 사람들이 마음속에 품고 있는 소리는?

億 억 억

▶億劫(억겁)
무한하게 오랜 시간

★ 亻(사람인변) + 音(소리 음) + 心(마음 심) = 億(억 억)

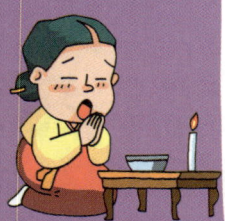

Q. 신자(信者)를 한 글자로 줄이면?

儲 쌓을 저

★ 信(믿을 신) + 者(놈 자) = 儲(쌓을 저)
*儲(쌓을 저)는 버금, 태자의 뜻도 있다.

▶儲宮(저궁) 왕세자, 황태자

Q. 사람이 비수를 품으면?

변한다.

▶化學(화학)
모든 물질의 성질·구조·변화 및 이들 상호간의 작용 등을 연구하는 학문

★ 亻(사람인변) + 匕(비수 비) = 化(될 화, 화할 화)

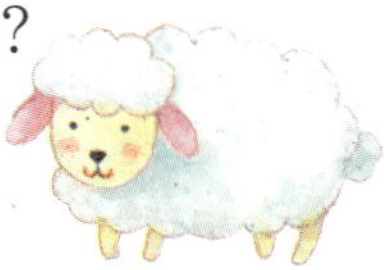

儀 거동 의

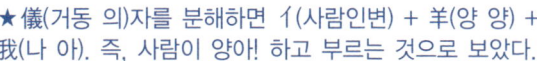

★儀(거동 의)자를 분해하면 亻(사람인변) + 羊(양 양) + 我(나 아). 즉, 사람이 양아! 하고 부르는 것으로 보았다.

▶儀禮(의례) 어떤 행사를 치르는 법식. 또는 정하여진 방식에 따라 치르는 행사. =의식(儀式)

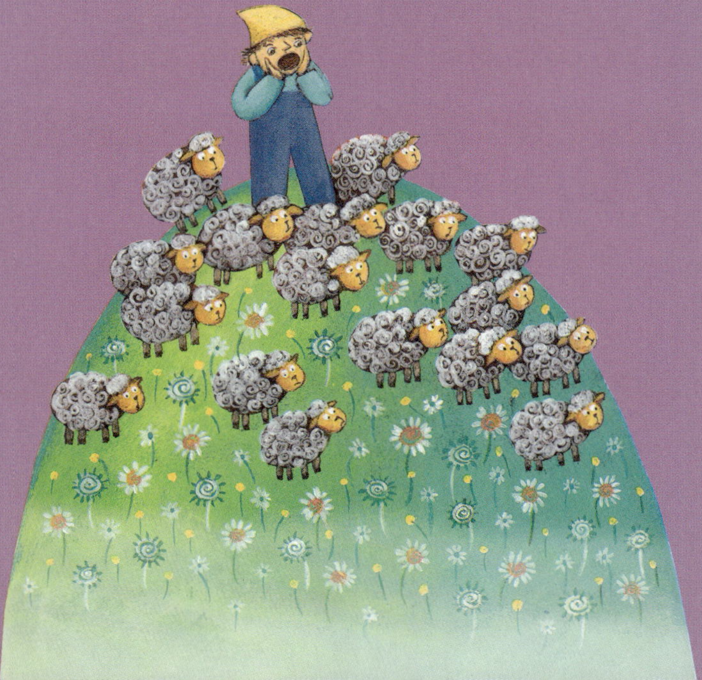

139

Q. '큰 손'과 가장 관계 깊은 말은?

①막는다 ②먹는다
③쉰다 ④일한다

①막는다

★ 扌(재방변) + 巨(클 거)
= 拒(막을 거)

▶拒逆(거역)
따르지 않고 거스름.

* 扌(재방변)은 手(손 수)의 부수. '손수변'이라고도 한다.

Q. 손에 도끼를 들고 있는 글자는?

折
꺾을 절

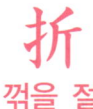

★ 扌(재방변) + 斤(도끼 근)
= 折(꺾을 절)

▶骨折(골절) 뼈가 부러짐.

Q. 입에 칼 물고 손짓하는 글자는?

招 부를 초

★ 扌(재방변) + 刀(칼 도) + 口(입 구)
= 招(부를 초). 애고, 무서워라!

▶招請(초청)
청하여 부름.

Q. 손으로 나무에 손톱 자국 내는 글자는?

採 캘 채

▶採掘(채굴) 땅을 파서 광물 따위를 캐냄.

★ 扌(재방변) + 爫(손톱조) + 木(나무 목) = 採(캘 채)

Q. 더불어(여럿이) 손으로 드는 글자는?

擧 들 거   ▶擧手(거수) 손을 위로 들어올림.

★ 與(더불/줄 여) + 手(손 수) = 擧(들 거)

Q. 절을 손에 넣은 글자는?

持 가질 지

★ 持(가질 지)를 분해하면
扌(재방변) + 寺(절 사). 절을 손에 넣는다고?

▶持參(지참) (무엇을) 가지고 참석함.

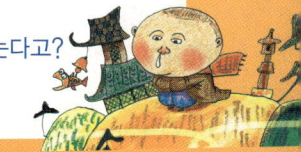

Q. 손으로 새를 미는 글자는?

推 밀/옮을 추

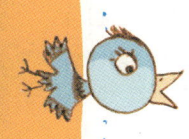

★ 推(밀 추)를 분해하면 扌(재방변) + 隹(새추)

▶推進(추진) 밀고 나아감.   *推(밀 추)는 '밀 퇴' 라고도 새긴다.

가도(賈島)라는 중국 당나라 시인이 길을 가다 좋은 시상이 떠올랐다.

閑居少隣竝(한거소린병 : 이웃이 드물어 한적한 집)
草徑入荒園(초경입황원 : 풀이 자란 좁은 길은 거친 뜰로
                            이어져 있다.)
鳥宿池邊樹(조숙지변수 : 새는 못가의 나무에 깃들고)
僧推月下門(승퇴월하문 : 스님은 달 아래 문을 밀친다.)

그런데 마지막 구절 '僧推月下門(승퇴월하문)'의 '推(밀 퇴)'를 '敲(두드릴 고)'로 할까 '推'로 할까 고심하느라 미처 고관의 행차를 깨닫지 못하는 큰 실수를 저질렀다. 고관은 당송 팔대가 중의 한 사람인 한유(韓愈)였다. 가도가 사죄하며 길을 피하지 못한 까닭을 아뢰자 한유는 가도를 용서해 주었을 뿐만 아니라 "내 생각에는 두드리다가 좋을 듯하네."라고 충고했다. 이때의 인연으로 두 사람은 친밀한 교제를 이어 갔고, 훗날 글을 다 쓰고 나서 다시 읽어 보고 다듬어 고치는 것을, '퇴(推)'와 '고(敲)'를 합친 '퇴고(推敲)'라 이르게 되었다.

퇴고할 때에는 아래와 같은 점에 유의하여 살펴야 한다.

① 쓰려고 하는 내용을 충실히 담았는가?

② 중심 단락의 위치는 분명하며, 단락과 단락은 매끄럽게 연결되는가?

③ 표현이 적절하고 이해하기 쉽게 썼는가?

④ 문법에 맞지 않는 곳은 없는가?

⑤ 쓸데없는 말이나 애매한 부분은 없는가?

⑥ 글자나 표현에 잘못된 곳이나 잘못 쓴 것은 없는가?

⑦ 간단하게 쓸 곳과 자세하게 쓸 곳을 잘 구분하여 썼는가?

⑧ 처음과 끝맺음 부분을 효과적으로 썼는가?

⑨ 주제나 요지를 효과적으로 잘 표현하였는가?

⑩ 내용과 잘 어우러지는 제목인가?

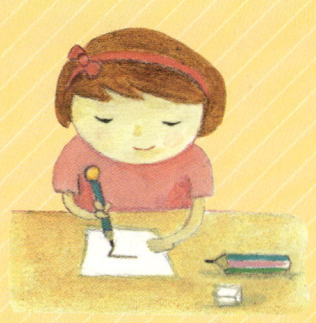

Q. 손에 뜻을 담는 글자는?

指 가리킬 지

★ 指(가리킬 지)를 분해하면
　 扌(재방변) + 旨(뜻 지)

▶ 指名(지명)
여러 사람 가운데서 누구의 이름을 지정하여 가리킴.

Q. 나무 위에 놓인 물건을 손으로 잡으려고 하는 글자는?

操 잡을 조

▶ 操作(조작)
(기계 등을) 일정한 질서와 방식에 따라 다루어 움직임.

★ 扌(재방변) + 品(물건 품) + 木(나무 목) = 操(잡을 조)

Q. 장정이 손으로 치는 글자는?

打 칠 타

▶ 打者(타자)
야구에서, 배트를 들고 타석에서 공을 치는 선수

★ 扌(재방변) + 丁(고무래/장정 정) = 打(칠 타)

*丁은 본래 '못'을 뜻했으나 후에 '장정'의 뜻으로 쓰이게 되었다. 흔히 '고무래 정'이라고 하는 것은 글자의 모양이 고무래(곡식을 그러모으거나 펴는 데 쓰는 T자 모양의 물건)를 닮은 데서 생긴 통속적인 명칭이다.

Q. 손과 목이 서로 겨루는 글자는?

抗 겨룰 항

★抗(겨룰 항)을 분해하면
扌(재방변) + 亢(목 항)

▶抗拒(항거) 순종하지 아니하고 맞서서 반항함.

Q. 여자가 일어서서 손 내민 글자는?

接
이을 접

★接(이을 접)을 분해하면
扌(재방변) + 立(설 립) +
女(계집 녀)

*接은 手(손 수)에 몸종을 뜻하는 妾(첩 첩)을 합친 글자로, 남자 곁에서 여러 가지 일을 하는 데서 대접하다, 붙다, 잇다 등의 뜻을 나타낸다.

▶接近(접근) 가까이 다가감.

Q. 군사가 손을 휘두르는 글자는?

揮 휘두를 휘

★扌(재방변) + 軍(군사 군)
= 揮(휘두를 휘)

▶指揮(지휘)
어떤 목적을 효과적으로 이루기 위하여 단체의 행동을 통솔함.

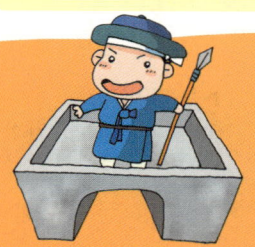

Q. 손으로 인원을 줄이는 글자는?

損 덜 손

▶損害(손해)
①이익을 잃음. ②해를 입음.

★扌(재방변) + 員(인원 원) = 損(덜 손). 너 빠져!

Q. 손이 하얘지도록 치는 글자는?

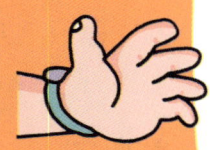

拍 칠 박

▶拍手(박수)
손뼉을 침.

★扌(재방변) + 白(흰 백) = 拍(칠 박)

Q. 손을 견주어 보는 글자는?

批 비평할 비

★扌(재방변) + 比(견줄 비)
= 批(비평할 비)

▶批評(비평)
①사물의 미추(美醜) · 선악 · 장단 · 시비를 평가하여 가치를 판단함. ②남의 결점을 드러내어 퍼뜨림.

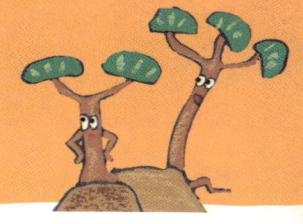

Q. 손으로 지탱하는 것을 나타낸 글자는?

技
재주 기

★ 扌(재방변) + 支(지탱할 지)
 = 技(재주 기)

▶技術(기술)

①말이나 일을 솜씨 있게 하는 재간
②과학을 실지로 적용하여 자연의 사물을 인간 생활에 유용하도록 고쳐 가공하는 수법

Q. 나무를 지탱하는 것은?

가지

★ 木(나무 목) + 支(지탱할 지) = 枝(가지 지)

▶枝葉(지엽)

①가지와 잎
②사물의 중요하지 않은 부분

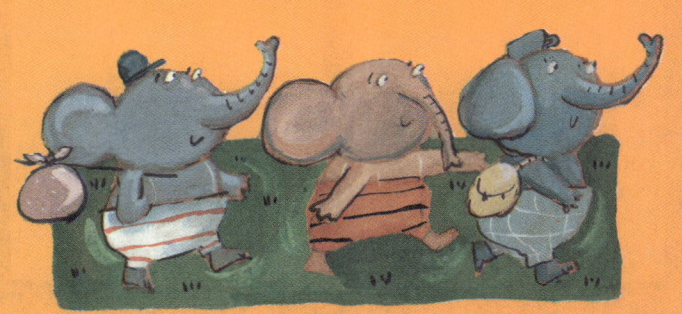

147

Q. '발이 크다' 를
한 글자로 쓰면?

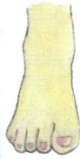

距 떨어질 거

★足(발 족) + 巨(클 거)
 = 距(떨어질 거)

▶距離(거리)
두 곳 사이의 떨어진 길이

Q. '손이 크다' 를
한 글자로 쓰면?

拒
막을 거

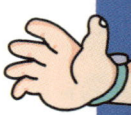

★扌(재방변) + 巨(클 거)
 = 拒(막을 거)

▶拒否(거부)
받아들이지 아니하고 물리침.

Q. 발이 겹치면?

밟게 된다.

★足(발 족) + 沓(겹칠 답)
= 踏(밟을 답). 발을 거듭하
여 밟는 것을 뜻함.

▶踏査(답사)
현장에 가서 보고 조사함.

Q. 발로 1조 번이나
뛰는 글자는?

跳 뛸 도

★足(발 족) + 兆(조 조)
 = 跳(뛸 도)

▶跳躍(도약) 뛰어오름.

148

Q. 발에서 가장 무거운 부위는?

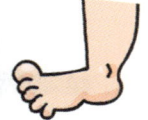

뒤꿈치

★ 足(발 족) + 重(무거울 중)
  = 踵(뒤꿈치 종)

▶接踵(접종)
①남의 뒤를 바싹 대서서 따름.
②(사물이) 잇달아 일어남.

Q. 발 또 발, 발 또 발, 발 또 발… 이렇게 계속 되면 무엇이 남을까?

자취

★ 足(발 족) + 亦(또 역)
  = 跡(발자취 적)

▶足跡(족적) 발자국

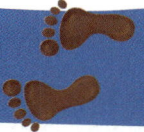

Q. 발로 걷는 길이 각각임을 나타낸 글자는?

路 길 로

★ 足(발 족) + 各(각각 각) = 路(길 로)

▶路線(노선) ①출발지와 도착지가 일정하게 정해진 교통선
②일정한 목표를 향하여 나아가는 길

Q. 지아비가 발로 하는 일은?

책상다리

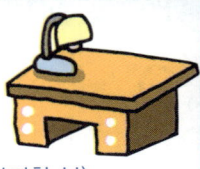

★ 足(발 족) + 夫(지아비 부) = 趺(책상다리할 부)

▶ 跏趺坐(가부좌) 책상다리를 하고 앉음.

Q. 지아비가 손으로 하는 일은?

남을 돕는다.

▶ 扶助(부조)
① 잔칫집이나 상가 등에 돈이나 물건을 보냄.
② 도와줌.

★ 扌(재방변/손수변) + 夫(지아비 부) = 扶(도울 부)

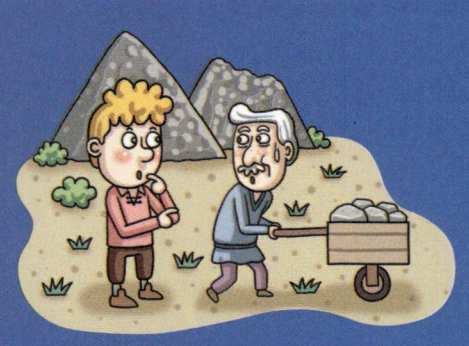

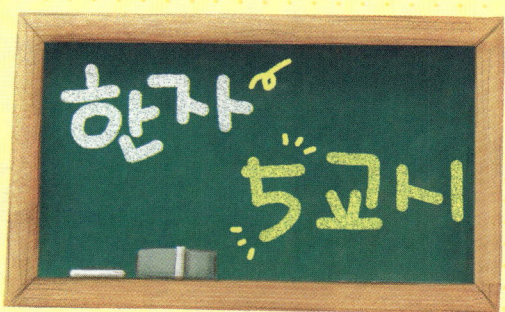

입

하품

마음

귀

Q. 10개의 콩을 입에 넣고 기뻐하는 글자는?

喜 기쁠 희

▶ 歡喜(환희) 즐겁고 기쁨.

★ 喜자를 분해하면
十(열 십) + 豆(콩 두) + 口(입 구) = 喜(기쁠 희)

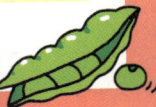

Q. 옷 속에 입이 낀 글자는?

哀
슬플 애

▶ 哀歡(애환)
슬픔과 기쁨

★ 哀자를 살펴보면 衣(옷 의) 속에
口(입 구)가 끼여 있는 것처럼 보인다.

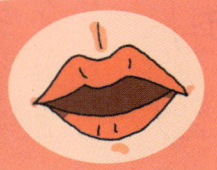

Q. 입이 여덟 개나 되는 괴물은?

나팔

★ 口(입 구) + 八(여덟
팔)= 叭(나팔 팔)

▶ 喇叭(나팔)
끝이 나팔꽃 모양으로
된 금관 악기의 총칭

Q. 입과 떼려야 뗄 수 없는 관계이지만
입은 아닌 것은?

맛

▶ 味覺(미각)
맛을 느끼는 감각

★ 口(입 구) + 未(아닐 미) = 味(맛 미)

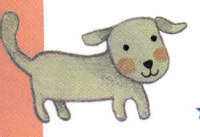

Q. 입이 하나면 짖어 대고, 둘이면 울어 대고, 아예 입이 없으면 밤에 집을 지키는 것은?

개

▶吠形吠聲(폐형폐성)
아무것도 모르고 덩달아 따르는 것

★ 口(입 구) + 犬(개 견) = 吠(짖을 폐)
口(입 구) + 口(입 구) + 犬(개 견)= 哭(울 곡)
犬(개 견)

Q. 네 사람이 개 한 마리를 둘러싸고 입맛을 다시는 글자는?

器 그릇 기

▶容器(용기)
물건을 담는 그릇

★ 器(그릇 기)를 분해하면 口(입 구) + 口(입 구) + 犬(개 견) + 口(입 구) + 口(입 구). 즉, 네 사람이 개를 가운데 두고 입을 내밀고 있는 모양이다.

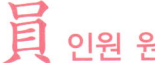

Q. 입 밑에 눈, 눈 밑에 다리 달린 것은?

員 인원 원

▶社員(사원) 회사의 구성원

★ 글자의 모양을 잘 살펴보라. 口(입 구) + 目(눈 목) + 八
*八을 두 다리로 보았다.

153

Q. 사람은 입이 하나라고 알려 주는 글자는?

合 **합할 합**

▶合同(합동)
여럿이 모여 하나가 되어 함께 함.

★人(사람 인) + 一(한 일) + 口(입 구) = 合(합할 합)

Q. 꼬리 잘린 소가
입으로 아뢰는 글자는?

告 **고할 고**

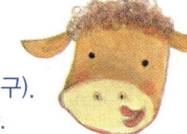

★告(고할 고)는 牛(소 우) + 口(입 구).
단, 牛자는 소의 꼬리가 잘린 모양이다.

▶告白(고백) 숨김 없이 사실대로 말함.

Q. 걸어 다니는 입은?

형

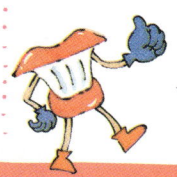

▶兄弟(형제) 형과 아우

★口(입 구) + 儿(어진사람인발) = 兄(형 형)

*儿을 두 다리로 보았음.

154

Q. '입이 열둘이라도 말 못 한다' 는 속담이 있다. 면목이 없음을 이른다. 그럼 입이 천 개면?

혀가 나온다.

★ 千(일천 천) + 口(입 구) = 舌(혀 설)

▶舌戰(설전) 말다툼

Q. '입이 열둘이라도 말 못 한다' 는 속담이 있다. 이유는?

굳어서.

★ 口(큰입구) + 十(열 십) + 口(입 구) = 固(굳을 고)

*큰 입 안에 작은 입 하나, 그리고 열 십. 모두 입이 12개.

▶固體(고체)
일정한 모양과 부피를 가진 물체

Q. '입이 열 개라도 할 말이 없다' 는 속담이 있다. 이유는?

너무 낡아서.

★ 十(열 십) + 口(입 구) = 古(예 고)

*古(예 고)는 10대에 걸쳐 입에서 입으로 전해진 옛날 일이라는 데서 '옛날' 을 뜻한다.

▶古代(고대) 먼 옛날

Q. 입안에 나무가 자라면 어떨까?

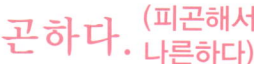

곤하다. (피곤해서 나른하다)

★ 口(큰입구몸) + 木(나무 목) = 困(곤할 곤)

▶疲困(피곤) (몸이나 마음이) 지쳐서 고달픔.

Q. 입안에 십자가 물고 있는 글자는?

田 밭 전

★ 口(큰입구몸) + 十(열 십) = 田(밭 전)

▶田畓(전답) 논밭

Q. 입이 두 개면?

돌아오게 된다.

★ 口(큰입구몸) + 口(입 구) = 回(돌아올 회)

▶回轉(회전) 어떤 축을 중심으로 하여 빙빙 돎.

Q. 입이 세 개면?

물건이 된다.

★ 口(입 구) + 口(입 구) + 口(입 구) = 品(물건 품)

▶物品(물품) 일정하게 쓰일 가치가 있는 물건

Q. 입을 열 개 가진 것은?

古 예고

★ 十(열 십) + 口(입 구)
= 古(예 고)

▶古典(고전)
①예전에 만들어진 것으로서 시대를 초월하여 높이 평가되고 있는 예술 작품. ②고대의 작품

Q. 입 열 개가 입 안에 갇힌 글자는?

固 굳을 고

★ 口(큰입구몸) + 十(열 십)
+ 口(입 구) = 固(굳을 고)

▶固定(고정)
일정한 곳에 있어 움직이지 아니함.

Q. 입 열 개를 상자에 가두면?

굳어진다.

▶凝固(응고) 엉겨서 굳어짐.

★ 口(큰입구몸) 十(열 십) + 口(입 구) = 固(굳을 고)

Q. 입 열 개를 한 글자로 표현하면?

古 예고

▶懷古(회고)
옛 자취를 돌이켜 생각함.

★ 十(열 십) + 口(입 구) = 古(예 고)

Q. 입을 천 개나 가진 것은?

혀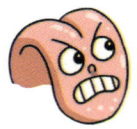

★千(일천 천) + 口(입 구)
= 舌(혀 설)

▶口舌(구설) 시비하는 말이나 헐뜯는 말

Q. 가로대도 세로대도 9개씩인 글자는?

圖 그림 도

★글자의 모양을 잘 살펴보면 가로대 9개, 세로대 9개이다.

▶圖畫紙(도화지)
그림 그리는 데 쓰는 종이

Q. 나무에 입 열 개가 붙어 있는 글자는?

枯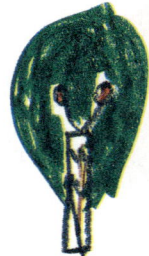
마를 고

★木(나무 목) + 十(열 십)
+ 口(입 구) = 枯(마를 고)

▶枯葉(고엽) 시들어서 마른 잎

Q. 십자가 위에 밭, 밭 위에 입 2개 있는 글자는?

單 홀 단

▶單位(단위)
사물의 비교 · 계산에 있어서 기준이 되는 것

★口(입 구) + 口(입 구) + 田(밭 전) + 十(열 십) = 單(홑 단)

Q. 어떤 선비가 점쟁이를 찾아가 물었다. "이번 과거에 합격할까요?" 그러자 점쟁이가 아무 말 없이 선비의 입을 가리켰다. 선비는 합격일까, 불합격일까?

합격

▶吉兆(길조)
좋은 일이 있을 조짐

★士(선비 사) + 口(입 구)
= 吉(길할 길). 즉, 합격한다는 뜻이다.

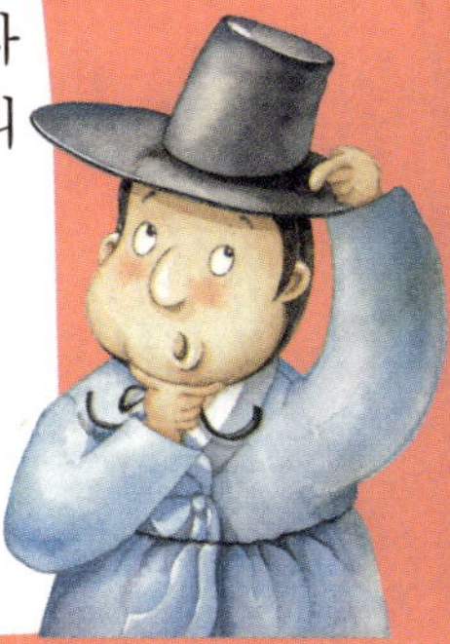

Q. 감기 걸린 사람이 많이 쓰는 한자는?

咳 기침 해

▶咳嗽(해수) 기침

★口(입 구) + 亥(돼지/간지 해) = 咳(기침 해)

Q. 작은 입이 커다란 조개를 물려고 하는 글자는?

員 인원 원

★ 口(입 구) + 貝(조개 패) = 員(인원 원)

▶ 人員(인원) 단체를 이루고 있는 사람들. 또는 그 수효

Q. 철수가 영희네 집에 놀러 갔더니 영희 어머니께서 종이에 저녁과 입을 그림으로 그리시고 뭐냐고 물으셨다. 스스로 천재임을 자부하는 철수는 '불고기'라고 큰 소리로 대답했다. 그러자 영희 어머니가 깔깔 웃으셨다. 왜 웃으셨을까?

영희 어머니는 철수에게 이름을 물으신 것인데, 철수가 저녁 메뉴를 말해서.

★ 夕(저녁 석) + 口(입 구) = 名(이름 명)

▶ 姓名(성명) 성과 이름

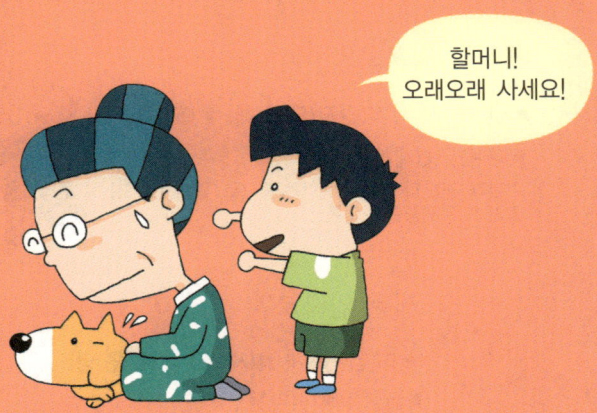

할머니!
오래오래 사세요!

누구 입에서……

개는 입으로? **짖는다.**

★ 口(입 구) + 犬(개 견) = 吠(짖을 폐)

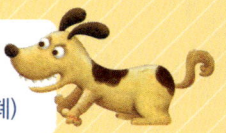

원숭이는 입으로? **끙끙거린다.**

★ 口(입 구) + 申(납 신) = 呻(끙끙거릴 신)

▶呻吟(신음) (병이나 고통으로) 앓는 소리를 냄.

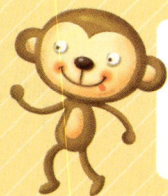

돼지는 입으로? **기침한다.**

★ 口(입 구) + 亥(간지/돼지 해) = 咳(기침 해)

▶咳唾成珠(해타성주)
기침과 침이 다 구슬이 된다는 뜻으로, 입에서 나오는
말이 모두 귀중함을 이름.

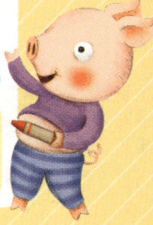

새는 입으로? **운다.**

★ 口(입 구) + 鳥(새 조) = 鳴(울 명)

▶百家爭鳴(백가쟁명)
①많은 학자·문화인 등의 논쟁
②여러 사람이 서로 자기 주장을 내세우는 일

조개는 입으로?

찬불 노래를 부른다.

★ 口(입 구) + 貝(조개 패) = 唄(찬불 노래 패)

▶梵唄(범패) 부처님의 공덕을 찬양하는 노래

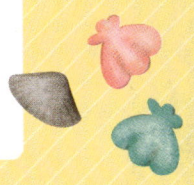

효자는 입으로? **으르렁거린다.**

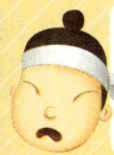

★ 口(입 구) + 孝(효도 효) = 哮(으르렁거릴 효)

▶咆哮(포효) 사나운 짐승이 울부짖음.

형은 입으로? **저주한다.**

★ 口(입 구) + 兄(형 형) = 呪(저주할 주)

▶詛呪(저주) 남에게 재앙이나 불행이
　　　　　　일어나도록 빌며 바람.

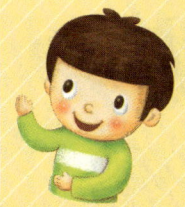

임금은 입으로? **운다.**

★ 口(입 구) + 帝(임금 제) = 啼(울 제)

▶啼號(제호) 울부짖음.

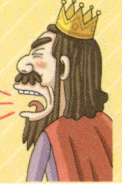

까마귀는 입으로? **탄식한다.**

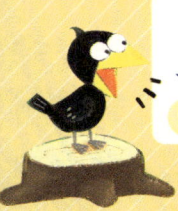

★ 口(입 구) + 烏(까마귀 오) = 嗚(탄식할 오)

▶嗚咽(오열) 목이 메어 욺.

Q. 골짜기에서 하품하는 글자는?

欲 하고자할 욕

★ 谷(골 곡) + 欠(하품 흠)
= 欲(하고자할 욕)

▶欲望(욕망) 바라고 원함.

Q. 두 번 하품하는 글자는?

次
버금/차례 차

★ 次자를 살펴보면
二(두 이) + 欠(하품 흠)

▶次例(차례) 나아가는 순서

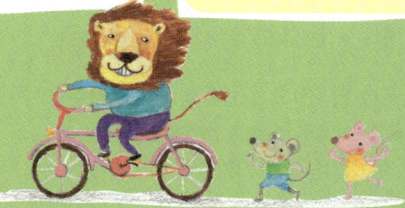

Q. 옳다, 옳다 하며 하품하는(입을 크게 벌리는) 글자는?

歌 노래 가

▶歌手(가수)
노래 부르는 것을
업으로 삼는 사람

★ 可(옳을 가) + 可(옳을 가) + 欠(하품 흠)
= 歌(노래 가)

Q. 풀 밑에 숨은 새를 잡은 두 사람이 입을 벌려 하품하는 글자는?

歡 기쁠 환

▶歡喜(환희)
즐겁고 기쁨.

★ ⁺⁺(초두머리) + 口(입 구) + 口(입 구) + 隹(새 추)
+ 欠(하품 흠) = 歡(기쁠 환)

Q. 금을 보고 놀라서 하품하는(입을 크게 벌리는) 글자는?

欽
공경할 흠

★金(쇠 금) + 欠(하품 흠)
= 欽(공경할 흠)

▶欽慕(흠모)
기쁜 마음으로 따름.

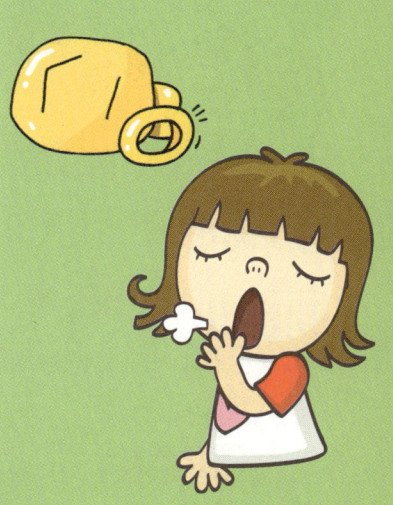

Q. 마음속에 커다란 삐침 하나 간직한 글자는?

必 반드시 필

★ 心(마음 심) + ノ(삐침별)
= 必(반드시 필)

▶必讀(필독) 반드시 읽음.

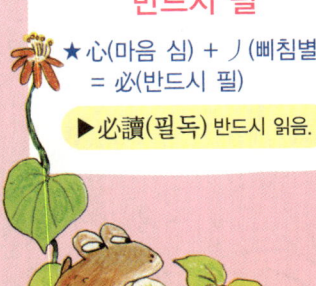

Q. 마음보다 몸이 앞서는 것을 꺼림을 나타낸 글자는?

忌 꺼릴 기

★ 忌(꺼릴 기)의 모양을 잘 보면 心(마음 심) 위에 己(몸 기)가 자리하고 있다.

▶忌避(기피)
꺼리거나 싫어하여 피함.

Q. 선비의 마음을 가리키는 글자는?

志 뜻 지

★ 士(선비 사) + 心(마음 심) = 志(뜻 지)

▶志士(지사)
국가와 사회를 위하여 자기의 몸과 마음을 바쳐 일하려는 드높은 뜻을 가진 사람

Q. 마음이 망한 글자는?

忘 잊을 망

▶忘却(망각) 잊어버림.

★ 亡(망할 망) + 心(마음 심) = 忘(잊을 망)

Q. 마음이 망할 만큼 바쁜 글자는?

忙 바쁠 망

★ 忄(심방변) + 亡(망할 망)
= 忙(바쁠 망)

*忄(심방변)은 心(마음 심)이 변으로 쓰일 때의 부수.

▶忙中閑(망중한) 바쁜 가운데의 한가한 틈

Q. 마음에 칼날을 품은 글자는?

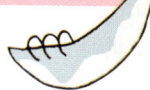

忍 참을 인

▶忍耐(인내) 참고 견딤.

★ 刃(칼날 인) + 心(마음 심) = 忍(참을 인)

Q. 지금 마음속에 있는 것은?

생각

★ 今(이제 금) + 心(마음 심)
= 念(생각 념)

▶想念(상념) 마음속에 품은 여러 가지 생각

Q. '마음은 (콩)밭에 있다' 는 속담이 있다. 이 속담과 관계 깊은 글자는?

思 생각 사

▶思考(사고)
생각하고 궁리함.

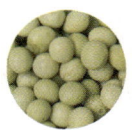

★ 田(밭 전) + 心(마음 심) = 思(생각 사)

Q. '중심' 을 한 글자로 줄이면?

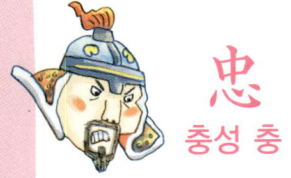

忠
충성 충

★ 中(가운데 중) + 心(마음 심) = 忠(충성 충)

▶忠誠(충성)
마음에서 우러나는 정성. 특히 나라와 임금에 대한 것을 이름.

Q. 마늘을 입에 물고 있는 마음(심정)을 나타낸 글자는?

怠 게으를 태

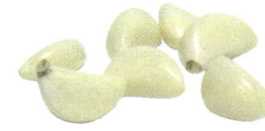

★ 厶(마늘모) + 口(입 구) + 心(마음 심) = 怠(게으를 태)

▶怠慢(태만) 게으르고 느림.

Q. '마음속에 또 여자가 있다니!' 하고 성내는 글자는?

怒 성낼 노

▶憤怒(분노)
분개하여 성을 냄.

★ 女(계집 녀) + 又(또 우) + 心(마음 심) = 怒(성낼 노)

Q. 내 마음과 상대방의 마음이 같아 용서하는 글자는?

恕 용서할 서

▶容恕(용서)
(죄나 잘못에 대하여) 꾸짖거나 벌하지 아니함.

★ 如(같을 여) + 心(마음 심) = 恕(용서할 서)

Q. 여자가 마음을 담아 입을 여니 용서할 수밖에 없는 글자는?

恕 용서할 서

▶寬恕(관서)
죄·허물 따위를 너그럽게 용서함. 관면(寬免)

★ 女(계집 녀) + 口(입 구) + 心(마음 심) = 恕(용서할 서)

Q. 태어나면서 가지는 마음은?

성품

★忄(심방변) + 生(날 생)
= 性(성품 성)

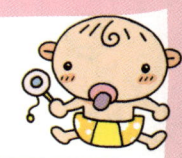

▶性格(성격) 각 개인에게 있는 특유한 감정·의지·행동 등의 경향

Q. 스스로 마음을
쉬는 글자는?

息 쉴 식

★自(스스로 자) + 心(마음 심)
= 息(쉴 식)

▶安息處(안식처) 편히 쉬는 곳

Q. 큰 입 아래 있는
마음이란?

은혜

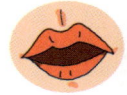

★口(입 구) + 大(큰 대) +
心(마음 심) = 恩(은혜 은)

▶恩惠(은혜)
베풀어 주는 신세나 혜택

Q. 마음이 가 버릴까 봐 겁내는 글자는?

怯 겁낼 겁

▶怯(겁)
무서워하거나 두려워하는 마음

★忄(심방변) + 去(갈 거) = 怯(겁낼 겁)

Q. 마음 중에서 버금 마음은?

악한 마음

★亞(버금 아) + 心(마음 심)
= 惡(악할 악/미워할 오)

▶惡用(악용) ①잘못 씀. ②나쁘게 이용함.
▶憎惡(증오) 몹시 미워함.

*버금 : 으뜸의 바로 아래

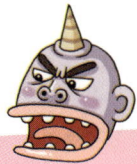

Q. 저녁에 병부를 받았을 때의 마음을 나타낸 글자는?

怨
원망할 원

★怨(원망할 원)자를 분해하면 夕(저녁 석) + 㔾(병부 절) + 心(마음 심). 저녁에 군사를 일으킨다는 통보를 받았으니 군사들로서는 얼마나 원망스럽겠는가.

▶怨望(원망)
(남이 한 일 등에 대하여) 못마땅하게 여기어 탓하거나 불평을 가지고 미워함.

*병부(兵符) : 군사를 일으켜 보낼 때 신중하고 확실하게 하기 위해 왕과 지방관 사이에 나누어 가지는, 증거로 삼을 만한 물건

Q. 마음이 마음이 아님을 뜻하는 글자는?

悲 슬플 비

▶悲戀(비련)
슬프게 끝나는 사랑

★非(아닐 비) + 心(마음 심) = 悲(슬플 비)

Q. 말은 실에 묶여 나오지 않지만
마음은 간절한 글자는?

戀 생각할 련

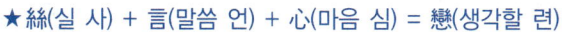

★絲(실 사) + 言(말씀 언) + 心(마음 심) = 戀(생각할 련)

▶戀愛(연애) 남녀 간에 서로 사모하는 사랑

Q. 사람은 사계절 중에서 특히 가을에
쓸쓸함을 많이 느낀다. 그 까닭은?

한자를 보면 금방 알 수 있다.

▶憂愁(우수)
근심과 걱정

★秋(가을 추) + 心(마음 심) = 愁(시름 수)

Q. 마음을 다해(온 마음으로) 느끼는 글자는?

感
느낄 감

▶感動(감동)

마음에 느끼어 일어나는 급격한 정신의 흥분.
또는 그것을 느낌.

★咸(다 함) + 心(마음 심) = 感(느낄 감)

Q. 서로 마음을
주고받는 글자는?

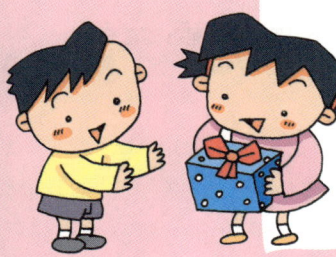

想
생각 상

▶想起(상기)

(지난 일)을 다시
생각하여 냄.

★相(서로 상) + 心(마음 심)
= 想(생각 상)

Q. 소리의 마음은?

뜻

▶意味(의미)

말이나 글의 뜻

★音(소리 음) + 心(마음 심) = 意(뜻 의)

Q. 날이 저물어 해가 완전히 사라졌을 때 느껴지는 마음은?

그리움

★ 暮(저물 모)의 日(날 일) 대신 小(입심방)을 넣으면 慕(그리워할 모)가 된다.

▶ 思慕(사모)
애틋하게 생각하고 그리워함.

* 小(입심방)은 心(마음 심)이 방으로 쓰일 때의 부수.

Q. 밤나무 옆에 있으면 어떤 마음이 들까?

두려운 마음이 든다. 혹시 밤송이에 찔릴까 봐……?

★ 忄(심방변) + 栗(밤 률) = 慄(두려워할 률)

▶ 戰慄(전율)
몹시 두려워서 몸이 벌벌 떨림.

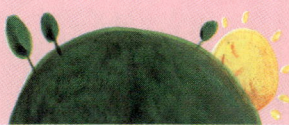

Q. 마음이 진실되면 삼가게 됨을 나타낸 글자는?

愼 삼갈 신

▶ 愼重(신중)
매우 조심스러움.

★ 忄(심방변) + 眞(참 진) = 愼(삼갈 신)

Q. 마음에 빛이 닿으면?

황홀해진다.

★ 忄(심방변) + 光(빛 광)
= 恍(황홀할 황)

▶恍惚(황홀)
①어른어른하는 광채에 눈이 부심.
②아름다운 사물에 매혹되어 마음이 달뜸.

Q. '마음이 푸르다'를
한 글자로 쓰면?

情뜻 정

★ 忄(심방변) + 靑(푸를 청)
= 情(뜻 정)

▶情緖(정서)
사물을 접했을 때 사람의 마음에
일어나는 여러 가지 감정

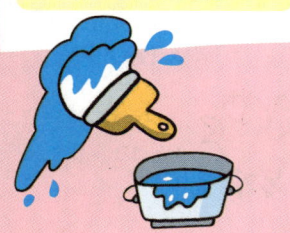

Q. 마음속 깊이 깊이
있는 것은?

근심

★ 中(가운데 중) + 中(가운
데 중) + 心(마음 심) = 患
(근심 환)

▶患者(환자) 병을 앓는 사람

Q. 마음에 매양(늘) 지니고 있는 것은?

뉘우침(후회)

★ 忄(심방변) + 每(매양 매)
= 悔(뉘우칠 회)

▶ 後悔(후회)
이전의 잘못을 깨치고 뉘우침.

Q. 귀로 듣고 마음으로 부끄러워하는 글자는?

恥
부끄러워할 치

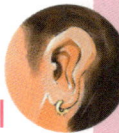

★ 耳(귀 이) + 心(마음 심)
= 恥(부끄러워할 치)

▶ 羞恥(수치) 부끄러움

Q. 옛날을 소중히 여기는 마음을 나타낸 글자는?

惜 아낄 석

★ 忄(심방변) + 昔(예 석)
= 惜(아낄 석)

▶ 愛惜(애석)
사랑하고 아깝게 여김.

Q. 마음에 베가 쳐져 두려워하는 글자는?

怖 두려워할 포

★ 忄(심방변) + 布(베 포)
= 怖(두려워할 포)

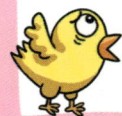

▶ 恐怖(공포)
두렵고 무서움.

Q. 모든 장인의 마음을 나타낸 글자는?

恐 두려울 공

★ 工(장인 공) + 凡(무릇 범) + 心(마음 심) = 恐(두려울 공). 아무리 솜씨가 뛰어난 장인이라도 일을 할 때는 두려움을 느끼는 법……?

▶恐喝(공갈) 무섭게 으르고 위협함.

Q. 마음이 문틈에 낀 글자는?

悶 번민할 민

★ 門(문 문) + 心(마음 심) = 悶(번민할 민)

▶苦悶(고민)
괴로워하고 속을 썩임.

Q. 마음이 나뉘어 성내는 글자는?

忿 성낼 분

▶忿怒(분노) 분개하여 성을 냄.

★ 分(나눌 분) + 心(마음 심) = 忿(성낼 분)

Q. 혹시나…하는 마음을 나타낸 글자는?

惑 의심할 혹

▶疑惑(의혹) 의심하여 분별하지 못함.

★ 或(혹 혹) + 心(마음 심) = 惑(의심할 혹)

Q. 마음에 또 흙이 묻어 기이하게 여기는 글자는?

怪 기이할 괴

▶怪常(괴상) 괴이하고 이상함.

★忄(심방변) + 又(또 우) + 土(흙 토) = 怪(기이할 괴)

Q. 곰이 네 발을 감추고
마음을 내보이는 글자는?

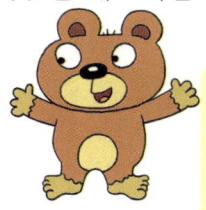

態
모습 태

▶態度(태도)
①몸을 가지는 모양이나 맵시
②어떤 대상에 대한 자기의 생각이나 감정을 나타내는 외적 표현

★ 熊(곰 웅) → 態(모습 태)

Q. 良(어질 량)의 머리에 얹힌 획 하나가
없어져 마음속에 한을 품은 글자는?

▶怨恨(원한)
원망스럽고 한이 되는 생각

恨 한 한

★忄(심방변) + 艮(괘이름 간) = 恨(한 한)
*良(어질 량) → 艮

Q. 조개잡이 할머니가 조개 30개를 잡았다.
조개들의 마음은 어떨까?

분하다!

★ 忄(심방변) + 十(열 십) + 十(열 십) +
十(열 십) + 貝(조개 패) = 憤(분할 분)

▶憤痛(분통)
몹시 분하여 마음이
쓰리고 아픔.

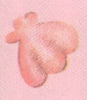

Q. 마음이 끈에 꿴 것처럼 바뀌지 않고 익숙해진 것을 나타낸 글자는?

慣
버릇 관

★ 忄(심방변) + 貫(꿸 관)
= 慣(버릇 관)

▶習慣(습관) 버릇

Q. '호랑이는 밭에 마음이 있다'를 한 글자로 쓰면?

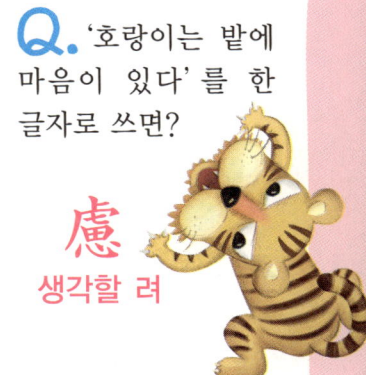

慮
생각할 려

★ 虍(범호엄) + 田(밭 전) +
心(마음 심) = 慮(생각할 려)

▶配慮(배려)
관심을 가지고 도와주거나
보살펴 줌.

Q. 귀를 바치겠다고 하는 황당한 한자는?

聖
성스러울 성

★ 耳(귀 이) + 呈(드릴 정)
= 聖(성스러울 성)

▶ 聖堂(성당)
미사 등 천주교의 종교
의식이 행하여지는 집

Q. 귀 + 소리 + 창은?

職 직분 직

★ 耳(귀 이) + 音(소리 음)
+ 戈(창 과) = 職(직분 직)

▶ 職業(직업)
급료를 받고 생활을 유지하기
위하여 자기의 적성과 능력에
따라 한 가지 일에 종사하는
지속적인 사회 활동

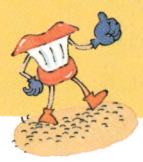
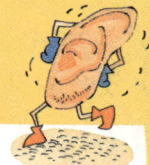

Q. 왕의 신체 부위 중
가장 성스러운 곳 두 가지를 고르세요.

① 손 ② 발 ③ 입 ④ 귀 ⑤ 코 ⑥ 눈

③ 입   ④ 귀

★ 耳(귀 이) + 口(입 구) + 王
(임금 왕) = 聖(성스러울 성)

▶ 聖人(성인)   덕과 지혜가 뛰어나 길이 우러러 받들고
모든 사람의 스승이 될 만한 사람

Q. 문틈에 귀가 낀 글자는?

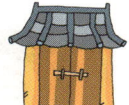

聞 들을 문

▶新聞(신문)
새로운 소식이나 여론을
전달하는 정기 간행물

★ 門(문 문) + 耳(귀 이) = 聞(들을 문)

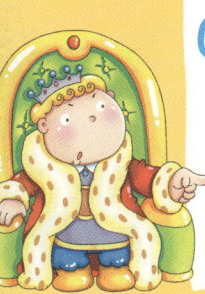

Q. 기다란 귀를 가진 왕이
덕 있는 말을 듣는 글자는?

聽 들을 청

▶視聽者(시청자)
텔레비전 등을 보고 듣는 사람

★ 耳(귀 이) + 王(임금 왕) + 悳(덕 덕) = 聽(들을 청)

Q. 용은 소리를 듣지 못한다. 왜일까?

귀머거리라서.

▶聾啞(농아)
청각 장애인과 언어 장애인

★ 龍(용 룡) + 耳(귀 이) = 聾(귀먹을 롱). 이 한자로 비추어
보건대…… . 용은 상상의 동물이니 확인할 길은 없지만.

Q. 沈(잠길 침)자에서 물을 빼고 귀를 넣으면?

耽 즐길 탐

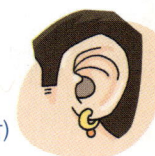

★ ⺡(삼수변) 대신 耳(귀 이) → 耽(즐길 탐)

▶耽美(탐미) 아름다움을 추구하여 거기에 빠짐.

Q. 다시 귀 대신
눈을 넣으면?

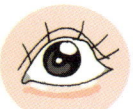

眈
노려볼 탐

★ 耳(귀 이) 대신 目(눈 목)
→ 眈(노려볼 탐)

▶虎視眈眈(호시탐탐)
기회를 노리고 형세를 살핌의 비유

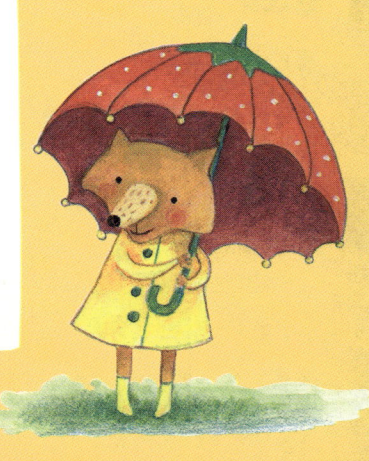

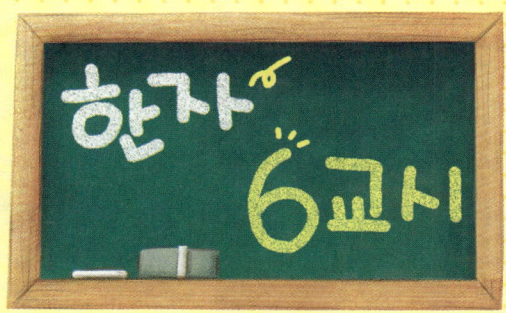

한자 6교시

소·말

개

닭·새

물고기

벌레

Q. 비수를 품고 있는 소는 암컷일까 수컷일까?

암컷

▶ 牝瓦(빈와) 암키와

★ 牛(소 우) + 匕(비수 비) = 牝(암컷 빈)

Q. 흙을 품고 있는 소는?

수컷

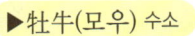

▶ 牡牛(모우) 수소

★ 牛(소 우) + 土(흙 토) = 牡(수컷 모)

Q. 절에 간 소는?

특별한 소

★ 牛(소 우) + 寺(절 사) = 特(특별할 특)

▶ 特等(특등)
특별한 등급.
보통 1등 위의 등급

Q. 소 이외의 세상 만물을 가리키는 글자는?

物 물건 물

▶ 物件(물건)
일정한 형체를 갖춘 모든 물질적인 대상

★ 牛(소 우) + 勿(말 물) = 物(물건 물).
즉, 소가 아닌 다른 것은 모두 물건이다.

Q. 소는 태어나면서부터
희생할 운명임을 알려 주는 글자는?

牲 희생 생

▶犠牲(희생)
남을 위하여 목숨·재물·명예
등을 버리거나 빼앗김을 이름.

★牛(소 우) + 生(날 생) = 牲(희생 생).
즉, 소는 타고난 운명 자체가 인간을 위해 살 운명.

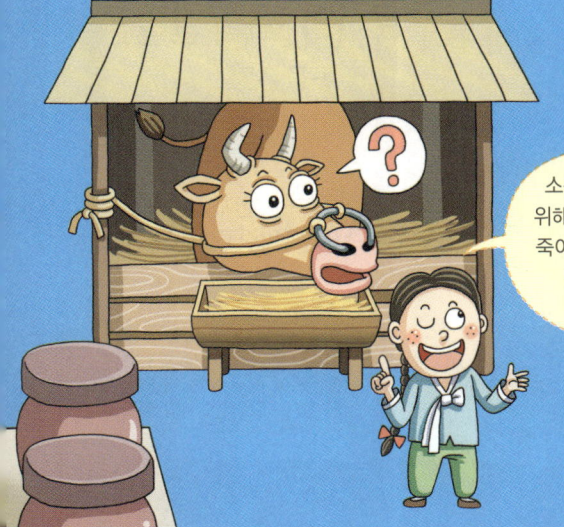

소는 살아서는 인간을
위해 힘껏 일을 해 주고,
죽어서는 고기와 가죽을
남겨 주는 고마운
동물이랍니다.

Q. 동물 중에서 최고의 수다쟁이는?

말

★ 말을 한자로 하면 馬(말 마). 오죽 말이 많으면 '말 마!'라고 할까……

▶ 馬脚(마각)

①말의 다리 ②말의 탈을 뒤집어쓴 사람의 다리. 거짓으로 꾸며 숨긴 본성이나 진상

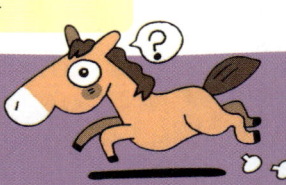

Q. '가마'를 한 글자로 줄이면?

駕 멍에 가

★ 駕자를 분해하면 加(더할 가) + 馬(말 마). 가 + 마 → 가마

▶ 凌駕(능가)

(다른 것과 비교하여) 훨씬 뛰어남.

Q. '타라'고 조르는 동물은?

낙타

★ 낙타는 한자로 駝(낙타 타). 낙타에 타라고……

▶ 駝鳥(타조)

조류 중 가장 큰 새로 날개가 작아 날지는 못하지만, 다리가 길고 튼튼하여 매우 빨리 달린다. 낙타와 함께 대표적인 사막 동물이다.

Q. 말을 공경하는 것을 보고 놀라는 글자는?

驚

놀랄 경

★ 敬(공경 경) + 馬(말 마) = 驚(놀랄 경). 말을 공경 하다니, 놀랄 일이지.

▶驚歎(경탄)
① 몹시 놀랍게 여기어 감탄함.
② 놀라 탄식함.

Q. 말을 가장 쉽게 길들이는 방법은?

냇가로 데려간다.

★ 馬(말 마) + 川(내 천) = 馴(길들일 순). 즉, 말을 냇가 로 데려가면 길이 들게 된다.

▶馴化(순화)
기후가 다른 곳에 옮겨진 생물이 그 환경에 적응하는 체질로 변해 가는 일

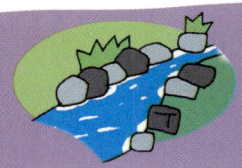

Q. 말을 '마구' 몬다고 해서 생겨난 글자는?

驅 몰 구

▶驅使(구사)
① 사람이나 동물을 몰아서 부림.
② 자유자재로 다루어 씀.

★ 驅(몰 구)를 분해하면 馬(말 마) + 區(구분할 구). 마 + 구 → 마구. 즉, 마구 몰아대는 것으로 보았다.

Q. '말이 기특한' 까닭은?

사람이 탈 수 있으므로.

★ 馬(말 마) + 奇(기특할 기) = 騎(말탈 기)

▶**騎馬戰(기마전)**
①말을 타고 하는 전쟁 ②말을 타고 하는 싸움을 모방한 놀이

Q. 말이 주인과 함께 머무르는 글자는?

駐 머무를 주

▶**駐車(주차)**
차를 세워 둠.

★ 馬(말 마) + 主(주인 주) = 駐(머무를 주)

Q. 말과 돼지가 나란히 있어 놀랄 글자는?

駭 놀랄 해

▶**駭怪(해괴)**
매우 괴이함.

★ 馬(말 마) + 亥(간지/돼지 해) = 駭(놀랄 해)

Q. 개가 왕이 되면?

미친다.

★ 犭(개사슴록변) + 王(임금 왕)
= 狂(미칠 광)

*犭(개사슴록변)은 개를 본뜬 것으로 '개견변' 이라고도 한다.

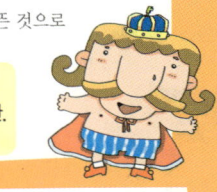

▶狂犬病(광견병)
포유류, 특히 개에게서 볼 수 있는 바이러스성 질환.
사람은 대개 개에게 물려 감염됨.

Q. 개가 오이를 먹고 무엇으로 변했을까?

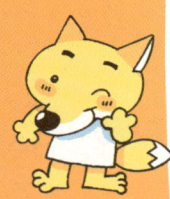

여우

▶狐假虎威(호가호위)
여우가 범의 위엄을 빌려 다른 짐승들을 위협한다는 뜻으로, 아랫사람이 윗사람의 권세를 빌려 위세를 부림을 이름.

★ 犭(개사슴록변) + 瓜(오이 과) = 狐(여우 호)

Q. 강아지가 그릇 위에 올라간 글자는?

猛 사나울. 맹

▶猛獸(맹수) 사나운 짐승

★ 犭(개사슴록변) + 子(아들 자) + 皿(그릇 명) =
猛(사나울 맹). 개 아들은 새끼 개, 즉 강아지.

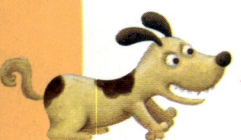

Q. 개 두 마리가
말다툼하는 곳은?

옥(감옥)

★ 犭(개사슴록변) + 言(말씀 언)
+ 犬(개 견) = 獄(감옥 옥)

▶監獄(감옥)
예전에 교도소를 일컫던 명칭

Q. '촉나라 개'를
한 글자로 하면?

獨 홀로 독

★ 犭(개사슴록변) + 蜀(나라
촉) = 獨(홀로 독)

▶獨立(독립)
남에게 의존하거나 속박당
하지 아니함.

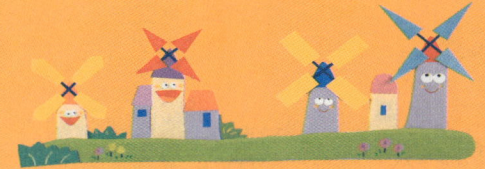

Q. 개 중의 스타는?

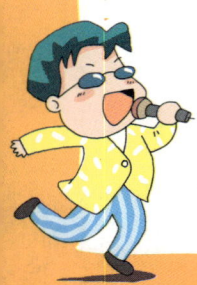

성성이

★ 성성이를 가리키는 한자 猩(성성
이 성)을 분해하면 犭(개사슴록변) +
星(별 성). 별은 영어로 star(스타).
그러므로 성성이는 개 중의 스타.

▶猩紅熱(성홍열)
어린아이에게 많이 나타나는 급성 전염병의 하나. 목이 아프고
높은 열이 나며 온몸에 발진이 생김.

190

Q. 다음 동물 중에서 욕을 가장 잘하는 것은?

①사자 ②호랑이 ③멧돼지 ④늑대

③멧돼지

▶猪突(저돌)
멧돼지처럼 맹목적으로 돌진함.

★ 犭(개사슴록변) + 者(놈 자) = 猪(멧돼지 저). 개 + 놈 = 개놈! 그러므로 욕을 매우 잘하는 동물이다.

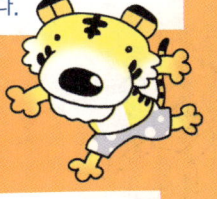

Q. 개의 스승은?

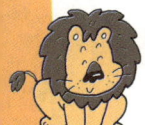

사자

★ 犭(개사슴록변) + 師(스승 사) = 獅(사자 사)

▶獅子吼(사자후)
①부처님의 한 번 설법에 뭇 악마가 굴복 귀의함. ②크게 부르짖어 열변을 토함.

Q. 사자 장수가 가장 많이 쓰는 한자는?

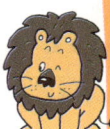

獅
사자 사

★ 獅 → 사자 사!

▶獅子國(사자국)
스리랑카의 옛 이름

Q. 닭 여덟 마리와 개 한 마리가 만났을 때 생겨나는 것은?

꾀

★ 八(여덟 팔) + 酉(간지/닭 유) + 犬(개 견)
= 猷(꾀 유)

Q. 개 한 마리 오른쪽에 닭 여덟 마리가 있으면?

猶 오히려/같을 유

★ 犭(개사슴록변) + 八(여덟 팔) + 酉(간지/닭 유)
= 猶(오히려/같을 유)

▶ 猶豫(유예) ①주저하여 결정을 못함. ②날짜를 미룸.

Q. '개뼈다귀'를 한 글자로 쓰면?

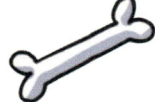 猾 교활할 활

▶ 狡猾(교활)
간사하고 꾀가 많음.

★ 犭(개사슴록변) + 骨(뼈 골) = 猾(교활할 활)

*개뼈다귀 : ①개의 뼈다귀
②별 볼 일 없으면서 끼어드는 사람을 경멸하는 태도로 속되게 이르는 말

Q. 위에는 두 사람, 밑에는 한 사람이 있는 밭을 개가 지키고 서 있는 글자는?

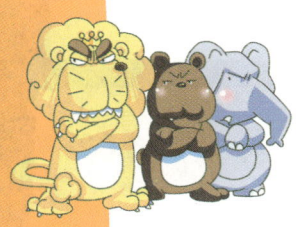

獸 짐승 수

★ 口(입 구) + 口(입 구) + 田(밭 전)
+ 一(한 일) + 口(입 구) + 犬(개 견)
= 獸(짐승 수).

*口(입 구)를 사람으로 쳤다.

▶ 人面獸心(인면수심)
사람 얼굴을 하고 있으나 마음은 짐승과 같다는 뜻으로,
마음이나 행동이 몹시 흉악함을 이름. 또는 그런 사람

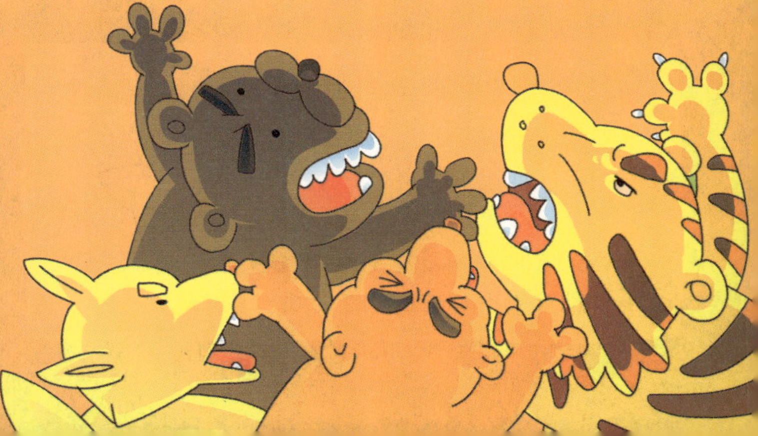

Q. 닭이 물을 마시면 무슨 일이 일어날까?

술로 변한다.

▶酒類(주류) 술의 종류

★ 氵(삼수변) + 酉(닭/간지 유) = 酒(술 주)

*酉는 술단지를 본뜬 글자이다.

Q. 닭과 귀신이 만났다. 서로의 속마음은?

'정말 못생겼군.'

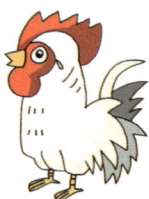

★ 酉(닭/간지 유) + 鬼(귀신 귀)
= 醜(추할 추)

▶醜行(추행) 추잡한 행실

Q. 닭이 별을 보고 하는 말은?

"술깨네."

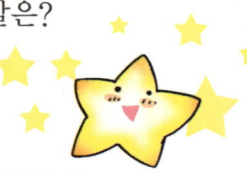

★ 酉(닭/간지 유) + 星(별 성) = 醒(술깰 성)

▶覺醒(각성) ①깨어 정신을 차림. ②깨달아 앎.

Q. 여덟 마리의 닭을 한 글자로 나타내면?

酋 두목 추

▶酋長(추장)
야만스러운 종족들이
사는 마을의 우두머리

★ 八(여덟 팔) + 酉(닭/간지 유) = 酋(두목 추)

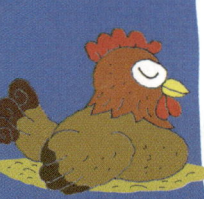

Q. 닭은 일을 마치고 무엇을 할까?

술에 취한다.

★ 酉(닭/간지 유) + 卒(마칠 졸) = 醉(취할 취)

▶心醉(심취) 어떤 일에 깊이 빠져 마음이 도취함.

Q. 닭은 독한 동물이라고 알리는 글자는?

酷 독할 혹

▶酷評(혹평)
아주 나쁘게 평함.

★ 酉(닭/간지 유) + 告(고할 고) = 酷(독할 혹)

Q. 닭 옆에 몸을 꼭 붙인 글자는?

配 나눌/짝 배

▶配定(배정) 나누어 몫을 정함.
▶配匹(배필) 부부로서의 짝

★ 酉(닭/간지 유) + 己(몸 기) = 配(나눌/짝 배)

195

Q. 닭과 호랑이와 돼지가 어울려 노는 글자는?

醵 술잔치 갹

★ 酉(닭/간지 유) +虍(범호엄) + 豕(돼지시) = 醵(술잔치 갹)

▶醵出(갹출)
돈이나 물건을 각자 내어 거둠.

Q. 닭이 효도하는 글자는?

酵
술밑 효

*술밑 : 누룩을 섞어 버무린, 시루에 찐 밥. 술을 만드는 원료임.

★ 酉(닭/간지 유) + 孝 (효도 효) = 酵(술밑 효)

▶醱酵(발효)
효모 · 박테리아 등 미생물에 의하여 유기물이 분해되는 작용

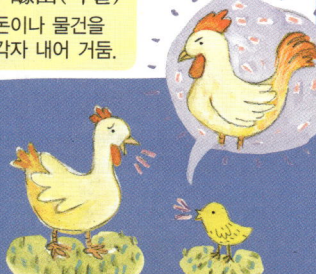

Q. 닭이 구기로 술 따르는 글자는?

酌 따를 작

★ 酉(닭/간지 유) + 勺(구기 작) = 酌(따를 작)

▶酌水成禮(작수성례)
물만 떠 놓고 혼례를 지낸다는 뜻으로, 가난한 집의 혼례를 이름.

*구기 : 술이나 기름 따위를 풀 때 쓰는 국자 비슷한 도구

Q. '장수 닭' 이 좋아하는 음식은?

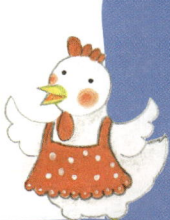

장

▶醬油(장유)
간장

★將(장수 장) + 酉(닭/간지 유) = 醬(장 장)

*장 : 간장 · 된장 · 고추장의 총칭

Q. 닭이 고을에 가서 (은혜 또는 원수) 갚는 글자는?

酬 갚을 수

▶報酬(보수)
①준 데 대한 갚음.
②근로의 대가로 주는 돈이나 물품

★酉(닭/간지 유) + 州(고을 주) = 酬(갚을 수)

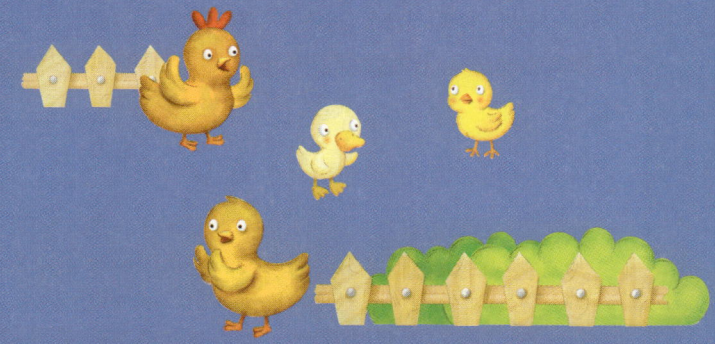

197

Q. 강에 사는 새는?

큰기러기

▶鴻恩(홍은) 넓고 큰 은혜

★ 江(강 강) + 鳥(새 조) = 鴻(큰기러기 홍)

Q. 길에 사는 새는?

해오라기

★ 路(길 로) + 鳥(새 조)
= 鷺(해오라기 로)

▶白鷺(백로)
왜가릿과의 물새. 온몸이 흰데 부리와 다리는 검고 길며, 연
못·논·강가에서 물고기·개구리 등을 잡아먹음.

Q. "나는 새다."라고 주장하는 새는?

거위

▶鵝管石(아관석)
속이 빈 돌고드름. 석회 동굴의 천장에
고드름처럼 달려 있음.

★ 我(나 아) + 鳥(새 조) = 鵝(거위 아). 즉, 나는 새다.

Q. 갑옷 입은 새는?

오리

★ 甲(갑옷 갑) + 鳥(새 조)
= 鴨(오리 압)

▶鴨綠江(압록강)
우리나라와 중국과의 경계를 이루는 강. 우리나라에서 제일 긴 강으로
백두산에서 시작하여 황해로 흘러든다.

Q. 주살 밑으로 날아가는 새는?

*주살 : 오늬(화살의 머리를 시위에 끼도록 에어 낸 부분)에 줄을 매어 쏘는 화살

솔개 *솔개 : 수릿과의 새로 공중에서 날개를 편 채로 맴돌며 먹이를 노림.

★ 弋(주살익) + 鳥(새 조) = 鳶(솔개/연 연)

▶ 紙鳶(지연) 종이에 댓가지를 붙여 실로 꿰어 공중에 날리는 장난감. 연

Q. 새는 새인데 고하기 좋아하는 새는?

고니(백조)

★ 告(고할 고) + 鳥(새 조) = 鵠(고니/과녁 곡)

▶ 正鵠(정곡) ①과녁의 한복판이 되는 점
②사물의 가장 중요한 요점 또는 핵심

Q. 달밤에 우는 새는?

두견이

▶ 杜鵑(두견)
①두견이(두견과의 새. 두견새)
②진달래

★ 鵑(두견이 견)을 분해하면 月(달 월) + 鳴(울 명). 달밤에 우는 새. 옛 시가에서는 소쩍새를 두견이로 잘못 적기도 했다.

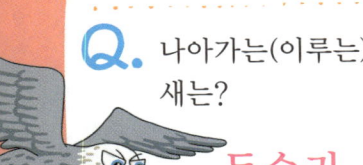

Q. 나아가는(이루는) 새는?

독수리

*독수리 : 수릿과의 큰 새. 온몸은 어두운 갈색이고 부리와 발톱이 날카롭고 큼.

★ 독수리를 가리키는 鷲(독수리 취)를 분해하면 就(나아갈 취) + 鳥(새 조)

▶ 鷲瓦(취와)
대마루 양쪽 끝에 세우는 장식 기와. 망새

Q. 어찌하면 좋겠느냐고 하소연하는 새는?

닭

★ 닭을 가리키는 鷄(닭 계)를 분해하면 奚(어찌 해) + 鳥(새 조).

▶ 養鷄(양계)
닭을 먹이어 기름.

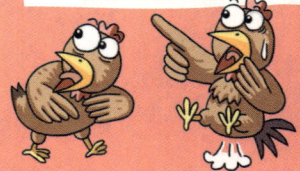

Q. 비둘기나 갈매기가 '구구구' 하고 우는 까닭은?

둘 다 이름에 '구'가 들어 있어서.

★ 비둘기를 가리키는 鳩(비둘기 구)를 분해하면 九(아홉 구) + 鳥(새 조). 그러므로 '구구구' 하고 운다. 또한 갈매기를 가리키는 鷗(갈매기 구)를 분해하면 區(구분할 구) + 鳥(새 조). 그러므로 갈매기도 '구구구' 하고 운다.

▶ 鳩首會議(구수회의) 머리를 맞대고 하는 회의

▶ 白鷗(백구) 갈매기

Q. '물 만난(얻은) 고기' 라는 말이 있다. 어려운 지경에서 벗어나 크게 활약할 판을 만난 처지를 이르는 말이다. 하지만 한자로 보아서는 정반대이다. 이유는?

**물을 만나면 사람에게
잡히는 신세가 되니까.**

★ 氵(삼수변) + 魚(고기 어) = 漁(고기잡을 어). 즉, 크게 활약할 처지이기는커녕 옴짝달싹 못하는 위급한 처지에 놓이게 된다.

▶漁父之利(어부지리)
둘이 다투고 있는 동안 제3자가 이익을 보게 됨을 이름.

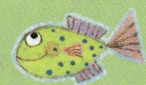

Q. 물속에 사는 동물과 땅 위에 사는 동물이 만나 만든 글자는?

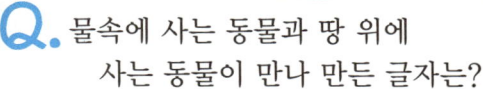

鮮 고울 선

★魚(고기 어) + 羊(양 양) = 鮮(고울 선)

▶鮮明(선명) 산뜻하고 분명함.

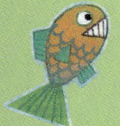

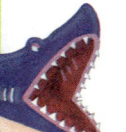

Q. 물고기 중에서 사교성이 가장 뛰어난 물고기는?

상어

★ 魚(고기 어) + 交(사귈 교) = 鮫(상어 교)

▶鮫魚(교어) 상어

Q. 물고기 중에서 가을을 좋아하는 물고기는?

미꾸라지

★ 魚(고기 어) + 秋(가을 추) = 鰍(미꾸라지 추)

▶鰍魚湯(추어탕)
미꾸라지를 넣고 얼큰하게 끓인 탕

Q. 물고기 중에서 서울에 사는 물고기는?

고래

▶捕鯨船(포경선)
고래잡이 배

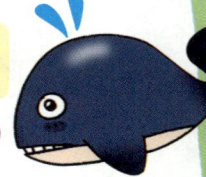

★ 魚(고기 어) + 京(서울 경) = 鯨(고래 경)

*고래는 어류(魚類)가 아니고 포유동물이다.

Q. 물고기 중에서 마을에 사는 물고기는?

잉어

▶鯉魚(이어) 잉어

★ 魚(고기 어) + 里(마을 리) = 鯉(잉어 리)

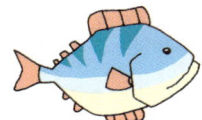

Q. 물고기가 해를 깔아뭉개고 있는 글자는?

魯 노둔할 로

▶魯鈍(노둔) 어리석고 둔함.

★魚(고기 어) + 日(날 일) = 魯(노둔할 로). 물을 떠나면 살 수 없는 물고기가 이글거리는 해 위에 올라가 있으니 얼마나 미련한가. *魯는 '나라이름 로'로도 새긴다. 공자는 노나라 출신임.

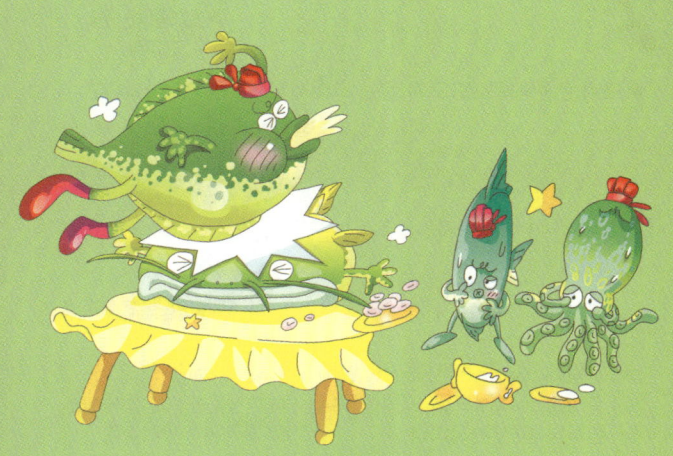

203

Q. 바퀴는 벌레일까 아닐까?

벌레가 아니다.

▶流言蜚語(유언비어)
아무 근거 없이 널리 퍼진 뜬소문

★ 바퀴를 가리키는 한자 蜚(바퀴 비)를 분해하면 非(아닐 비)
  + 虫(벌레훼/벌레충). 그러므로 바퀴는 벌레가 아니다.

Q. 모기가 사람이나 가축을 잘 무는 까닭은?

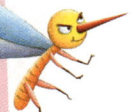

이름을 보면
잘 알 수 있다.

▶蚊蠅(문승)
모기와 파리

★ 모기는 한자로 蚊(모기 문). 그래서 잘 무는 게 아닐까?

Q. 셋이나 혼자나 똑같은 것은?

벌레

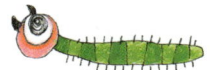

★ 蟲(벌레 충)의 약자는 虫(벌레
훼/벌레충). 그러므로 셋이 모이
나 혼자나 마찬가지이다.

▶寄生蟲(기생충)
다른 생물의 몸에 붙어 양분
을 섭취하며 사는 동물

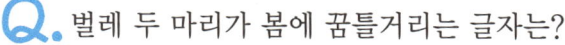

Q. 벌레 두 마리가 봄에 꿈틀거리는 글자는?

蠢 꿈틀거릴 준

▶ 蠢動(준동)
불순한 세력이나 보잘것없는
무리가 법석을 부림.

★ 蠢자를 분해하면
春(봄 춘) + 虫(벌레훼/벌레충) + 虫(벌레훼/벌레충)

Q. 파리와 조개가 싸우면
누가 이길까? 파리

★ 파리는 한자로 蠅(파리 승), 조개
는 한자로 貝(조개 패). 이길 승(勝),
패할 패(敗)와 음이 같다.

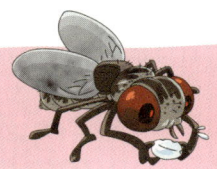

Q. 동물 중에서
최고의 잠꾸러기는?

누에

★ 누에는 한자로 蠶(누
에 잠). 그러므로 누에
는 잠꾸러기 왕!

▶ 養蠶(양잠) 누에를 침.

Q. 벌레 중에서 가장 올바른 벌레는? 개미

★ 개미는 한자로 蟻(개미 의). 글자를 분해하면 虫(벌레훼/
벌레충) + 義(옳을 의). 그러므로 가장 올바른 벌레이다.

▶ 蟻酸(의산) 개미나 벌의 몸에서 분비되는 산(酸)의 한 가지. 개미산

Q. 다음 중 문제를 가장 잘 풀 것 같은 동물은?

①게 ②돼지
③용 ④말

①게

▶蟹甲(해갑)
게의 껍데기

★ 게를 나타내는 한자 蟹(게 해)를 분해하면
解(풀 해) + 虫(벌레훼/벌레충). 그러므로……

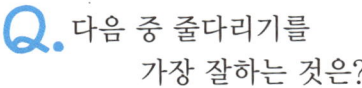

Q. 다음 중 줄다리기를
가장 잘하는 것은?

①지렁이 ②매미
③올챙이 ④벌

①지렁이

★ 지렁이를 나타내는 한자 蚓(지렁이 인)을
분해하면 虫(벌레훼/벌레충) + 引(끌 인). 즉,
끌어당기기를 잘하는 벌레로 볼 수 있다.

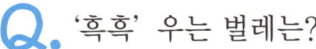

Q. '흑흑' 우는 벌레는?

개구리

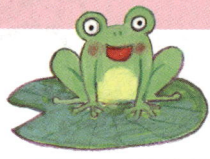

★ 개구리를 가리키는 한자 蛙(개구
리 와)를 분해하면 虫(벌레훼/벌레
충) + 土(흙 토) + 土(흙 토). 흙 +
흙을 '흑흑'으로 보았다.

▶井底蛙(정저와)
우물 안 개구리.
= 정중와(井中蛙)

Q. 장인이 벌레 한 마리로 만든 것은?

무지개

▶虹霓門(홍예문)
문의 윗부분을 무지개 모양
으로 반원형이 되게 만든 문

★ 무지개를 가리키는 한자 虹(무지개 홍)을
분해하면 虫(벌레훼/벌레충) + 工(장인 공)이다.

Q. '벌레 하면 바로 나'라고 주장하는
벌레는?

나방

★ 나방은 한자로 蛾(나방 아). 蛾자를 분해하면 虫(벌
레훼/벌레충) + 我(나 아). 즉 자기가 벌레의 대표라고
주장하는 것으로 보았다. *蛾(나방 아)는 '개미 의'로도 새긴다.

▶蛾眉(아미) 아름다운 눈썹
▶蛾術(의술) 개미가 계속 흙을 날라 개밋둑을 쌓듯, 오랜 세
월 동안 꾸준히 학문을 연구하여 성공을 이룸.

Q. 나방을 부르는 한자는?

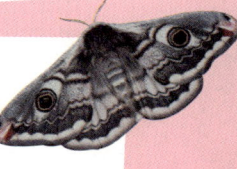

蛾나방 아 ★나방아!

Q. 벌레가 반드시 갓 아래 두는 것은?

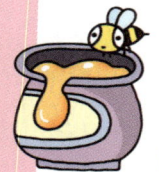

꿀

▶蜂蜜(봉밀) 꿀

★ 宀(갓머리) + 必(반드시 필) + 虫(벌레훼/벌레충) = 蜜(꿀 밀)

*벌은 벌집에 꿀을 모으는데 벌집에 가득 차면 위를 몸에서 분비되는 끈끈한 물질로 막는다.

Q. 형도 형, 동생도 형이라고 부르는 곤충은?

반딧불이

★ 반딧불이를 나타내는 한자 螢은 '반딧불 형'이라고 새긴다.

▶螢雪之功(형설지공)

(반딧불과 눈빛으로 글을 읽었다는 데서) 고생을 하면서 공부하여 얻은 보람

Q. 혼자 있기를 좋아하는 벌레는?

매미

★ 虫(벌레훼/벌레충) + 單(홀 단) = 蟬(매미 선)

▶蟬羽月(선우월)

음력 6월의 다른 이름.

Q. 갓 밑에 반드시 산 있는 글자는?

密 빽빽할 밀

★ 宀(갓머리) + 必(반드시 필) + 山(메 산) = 密(빽빽할 밀)

▶密集(밀집)

빽빽하게 모임.

Q. '벌레 먹다' 를 한 글자로 나타내면?

蝕 좀먹을 식

▶侵蝕(침식)
차차 개먹어 들어감.

★ 食(먹을 식) + 虫(벌레훼/벌레충) = 蝕(좀먹을 식)

Q. 뱀 장수에게 꼭 필요한 글자는?

蛇 뱀 사, 巳 간지/뱀 사

★ 글자의 훈(訓)과 음(音)을 보면 알 수 있다.

▶蛇行川(사행천) 뱀처럼 구불구불 흐르는 하천
▶巳時(사시) ①12시의 여섯째 시. 오전 9시부터 11시까지의 사이
②24시의 열한째 시. 오전 9시 30분부터 10시 30분까지의 사이

Q. 벌레 중에서 아는 것이 가장 많은 벌레는?

거미

▶蜘蛛(지주) 거미

*蛛(거미 주)

★ 거미를 가리키는 한자 蜘(거미 지)를 분해하면 虫(벌레훼/벌레충) + 知(알 지). 그러므로 거미는 똑똑한 벌레이다.

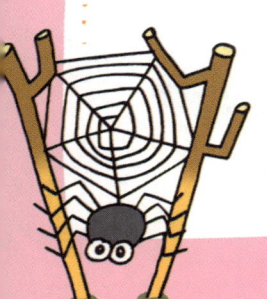

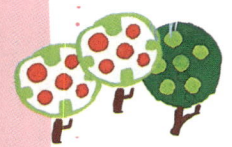

Q. 30년 된 나무로 날아오는 벌레는?

나비

▶蝶泳(접영)

두 손을 동시에 앞으로 뻗쳐 물을 끌어당기면서 나아가는 수영 방법의 하나. 버터플라이

★ 나비를 뜻하는 蝶(나비 접)를 분해하면 虫(벌레훼/벌레충) + 卅(인간 세) + 木(나무 목). 卅는 十(열 십)을 3개 쓰고 아래 끄트머리를 연결한 모양으로 '30년 동안'을 가리키기도 한다. 그러므로 30년 된 나무로 다가오는 벌레로 풀이했다.

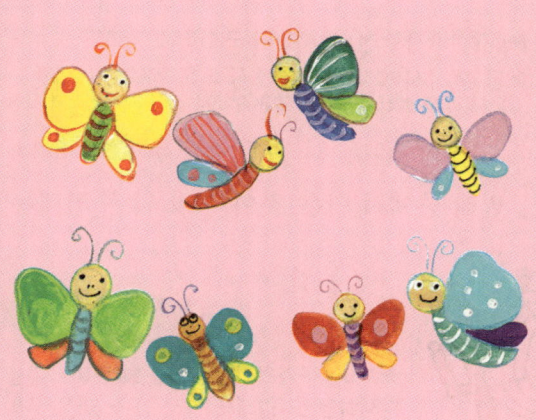

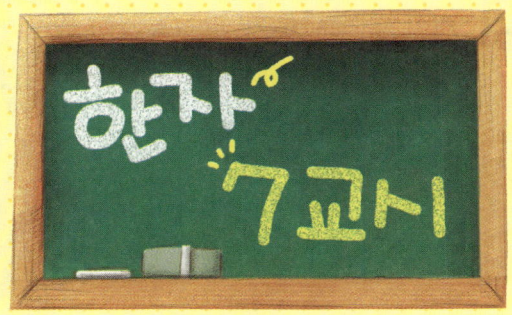

벼·쌀·흙

활/화살

문·조개

뿔

Q. 벼가 많아 다른 곳으로 옮기는 글자는?

移 옮길 이

▶移動(이동)
옮기어 움직임.

★ 禾(벼 화) + 多(많을 다) = 移(옮길 이)

Q. 벼는 벼인데 무거운 벼는?

씨(볍씨)

★ 禾(벼 화) + 重(무거울 중) = 種(씨 종)

*볍씨를 뿌릴 때는 우선 좋은 볍씨를 골라내야 한다. 볍씨를 소금물에 담가 가라앉는, 즉 무거운 볍씨가 좋은 볍씨이다.

▶播種(파종)
논밭에 곡식의 씨앗을 뿌리는 일

Q. 벼에 불나는 때는 언제일까?

가을

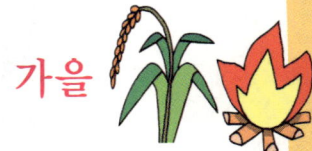

★ 가을을 뜻하는 秋(가을 추)를 분해하면 禾(벼 화) + 火(불 화). 그러므로 벼에 불나는 때는 가을이다.

▶秋夕(추석)
우리나라 명절의 하나. 음력 8월 15일. '한가위' 라고도 함.

Q. 벼 한 말을 한 글자로 나타내면?

科 과목 과

★禾(벼 화) + 斗(말 두)
 = 科(과목 과)

▶科目(과목)
①교과를 잘게 나눈 영역
②학문의 한 구분

Q. 벼는 주인에게 조개(돈)나 한가지라는 글자는?

積 쌓을 적

★禾(벼 화) + 主(주인 주) + 貝(조개 패) = 積(쌓을 적)

▶積金(적금)
①돈을 모아 둠. 또는 그 돈
②일정한 기간 동안 일정한 금액을 다 불입한 다음에 찾는 저금

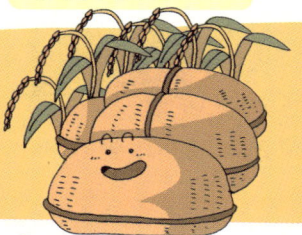

Q. 벼와 마늘이 나란히 있지만 둘 사이는 사적인(개인적인) 관계임을 뜻하는 글자는?

私 사사 사

★禾(벼 화) + 厶(마늘 모) = 私(사사 사)

▶私心(사심) 사사로운 마음. 또는 자기 욕심을 채우려는 마음

Q. 왕의 입 옆에 벼 붙은 글자는?

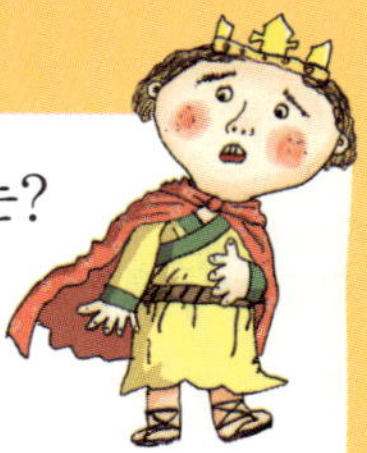

程 한도/길 정

★ 禾(벼 화) + 口(입 구) + 王(임금 왕) = 程(한도/길 정)

▶ 日程(일정) 그 날에 할 일. 또는 그 분량이나 순서. 스케줄

Q. 벼는 벼인데 은혜로운 벼는?

이삭

▶ 穗狀(수상)
곡식 이삭과 같은 모양

★ 禾(벼 화) + 惠(은혜 혜) = 穗(이삭 수)

Q. 여덟 명의 형이 벼를 세금으로 거두어 들이는 글자는?

稅 세금 세

★ 禾(벼 화) + 八(여덟 팔) + 兄(형 형) = 稅(세금 세)

▶ 稅金(세금) 조세로 바치는 돈

Q. 벼를 머리에 쓴 어진 사람은?

대머리

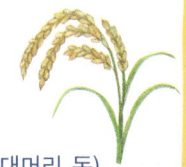

★ 禾(벼 화) + 儿(어진사람인발) = 禿(대머리 독)

▶禿山(독산) 나무가 없어 헐벗은 산. 민둥산

Q. '화내'라고 부추기는 글자는?

秀
빼어날 수

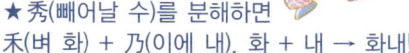

★ 秀(빼어날 수)를 분해하면
禾(벼 화) + 乃(이에 내). 화 + 내 → 화내!

▶秀麗(수려) 빼어나게 아름다움.

215

Q. 뿔이 2개 돋은 나무 도깨비는?

쌀

★ 木(나무 목) + 丷(뿔 2개) = 米(쌀 미)

▶ 米穀(미곡) ①쌀 ②쌀을 포함한 다른 곡식

Q. 여름 방학을 맞아 시골 외갓집에 갔다. 외할아버지를 따라 노인정에 갔더니 도사처럼 생긴 할아버지가 내 나이를 물었다. 나름 재치를 발휘하여 "밭둑이 무너진 나이입니다." 했더니 그 할아버지께서 껄껄 웃으시며 "10살이로구나. 그럼 내 나이를 맞혀 보거라. 내 나이는 '쌀'이란다." 하셨다. 이 할아버지의 나이는?

① 100   ② 88   **② 88**

③ 77   ④ 90

★ 쌀을 나타내는 한자 米(쌀 미)를 분해하면 八(여덟 팔) + 십(열 십) + 八(여덟 팔). 즉 88세라는 뜻이다.

▶ 米壽(미수) 여든여덟 살   *壽(목숨 수)

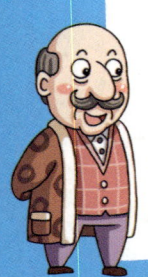

Q. 쌀이 서 있는 글자는?

粒 낟알 립

★ 米(쌀 미) + 立(설 립)
= 粒(낟알 립)

▶粒子(입자)
①낟알. 알갱이 ②물질을 구성하고 있는 가장 작은 단위

Q. 쌀을 자꾸 나누면 무엇이 될까?

가루

★ 米(쌀 미) + 分(나눌 분) = 粉(가루 분)

▶粉食(분식)
밀가루 등으로 요리한 음식

Q. 쌀을 또 차는 글자는?

粗 거칠 조   ▶粗惡(조악) 거칠고 나쁨.

★ 米(쌀 미) + 且(또 차) = 粗(거칠 조)

Q. 쌀로 점치는 글자는?

粘 붙을 점   ▶粘液(점액) 끈끈한 액체

★ 米(쌀 미) + 占(점칠 점) = 粘(붙을 점)

나이와 관계있는 한자어

★1세(生)

농장(弄璋) : 아들을 낳으면 구슬[璋] 장남감을 주는 데서 유래.
▶농장지경(弄璋之慶) : 아들을 낳은 경사
농와(弄瓦) : 딸을 낳으면 실패[瓦] 장난감을 주는 데서 유래.
▶농와지경(弄瓦之慶) : 딸을 낳은 경사

★2세~3세

제해(提孩) : 提(끌 제)는 끌어당겨 안음, 孩(어린아이 해)는 어린아이. 유아가 처음 웃을 무렵(2~3세)을 이름.

★15세

지학(志學) : 공자(孔子)가 15세에 학문(學問)에 뜻을 두었다는 데서 유래.
육척(六尺) : 주(周)나라 때 1척(尺)은 두 살 반 나이의 아이 키를 의미. 그러므로 6척은 15세를 이름.

★16세

과년(瓜年) : 과(瓜)자를 분해하면 '八八'이 되므로 여자 나이 16세를 나타내고 결혼 적령기를 뜻함.
▶파과(破瓜) : 남자 나이 64세, 즉 벼슬에서 물러날 때를 뜻함.
　　　　　 여자 나이 16세를 이르기도 함.

★20세

약관(弱冠) : 20세를 전후한 남자. 원복(元服 : 어른 되는 성례 때 쓰던 옷과 관)식을 행한 데서 유래.

방년(芳年) : 20세를 전후한 왕성한 나이의 여자. 꽃다운 나이를 뜻함.

★30세

이립(而立) : 공자가 30세에 자립(自立)했다는 데서 유래.

★40세

불혹(不惑) : 공자가 40세에 모든 것에 미혹(迷惑)되지 않았다는 데서 유래.

★48세

상년(桑年) : 상(桑)의 속자(俗字)는 十(열 십)자 3개 밑에 木(나무 목)자를 쓰는데, 이를 분해하면 '十'자 4개와 '八'자가 되기 때문.

★50세

지명(知命) : 공자가 50세에 천명(天命 : 인생의 의미)을 알았다는 데서 유래. '知天命'의 준말

★60세

이순(耳順) : 공자가 60세가 되어 어떤 내용에 대해서도 순화시켜 받아들였다는 데서 유래.

★61세

환갑(還甲), 회갑(回甲), 환력(還曆) : 태어난 해의 간지(干支)로 되돌아간다는 의미. 곧 60년이 지나 다시 본래 자신의 출생년의 간지로 되돌아가는 것. 축복해 주는 잔치를 벌이는 풍습이 있다.

화갑(華甲) : 화(華)자를 분해하면 십(十)자 6개와 일(一)자가 되어 61세라는 의미.

★62세

진갑(進甲) : 환갑 다음 해의 생일. 새로운 갑자(甲子)로 나아간다(進)는 의미.

★70세

종심(從心) : 공자가 70세에 마음먹은 대로 행동해도 법도에 어긋나지 않았다는 데서 유래. '從心所欲 不踰矩'에서 준 말.

고희(古稀) : 두보(杜甫)의 시 〈곡강(曲江)〉의 구절 '人生七十古來稀(사람이 태어나 70세가 되기는 예로부터 드물었다)'에서 유래.

★71세

망팔(望八) : 80살을 바라본다는 의미. 70세를 넘어 71세가 되면 이제 80세까지 바라는 데서 유래.

★77세

희수(喜壽) : 희(喜)자를 초서(草書)로 쓸 때 '七十七'처럼 쓰는 데서 유래.

★80세

산수(傘壽) : 산(傘)자의 약자(略字)가 팔(八)을 위에 쓰고 십 (十)을 밑에 쓰는 것에서 유래.

★81세

반수(半壽) : 반(半)자를 분해하면 '八十一'이 되는 데서 유래.
망구(望九) : 90살을 바라본다는 뜻. 81~90세까지를 기원하는 장수(長壽)의 의미를 갖는다. *늙은 여자를 놀리거나 얕잡아 일컫는 '할망구'는 망구(望九)에서 온 말이다.

★88세

미수(米壽) : 미(米)자를 분해하면 '八十八'이 되는 데서 유래. 혹은 농부가 모를 심어 추수할 때까지 88번의 손질이 필요하다 는 데서 유래.

★90세

졸수(卒壽) : 졸(卒)의 속자(俗字)가 九(아홉 구)자 밑에 十(열 십)자를 사용하는 데서 유래.
동리(凍梨) : 언 배란 뜻. 90세가 되면 얼굴에 반점이 생겨 언 배 껍질 같다는 데서 유래.

★91세

망백(望百) : 100살을 바라본다는 뜻. 장수를 축복하고 기원하 는 의미.

★99세

백수(白壽) : 백(百)에서 일(一)을 빼면 백(白)자가 되므로 99세 를 나타냄.

Q. 쌀을 헤아리는 글자는?

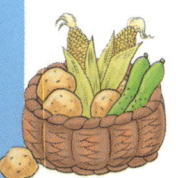

糧
양식 량

▶食糧(식량)

★米(쌀 미) + 量(헤아릴 양)
＝糧(양식 량)

Q. '쌀이 푸르다 (매우 하얗다)'를 한 글자로 나타내면?

精 정할 정

★米(쌀 미) +
靑(푸를 청) ＝ 精(정할 정)

▶精誠(정성)
참되고 성실한 마음

Q. 서녘에서 나는 쌀은?

조

★西(서녘 서) + 米(쌀 미)
＝ 粟(조 속)

▶粟米(속미) 좁쌀

Q. 쌀이 일생을 마치면?

순수해진다.

★米(쌀 미) + 卒(마칠 졸)
＝粹(순수할 수)

▶純粹(순수)
사사로운 욕심이나
못된 생각이 없음.

Q. 선비의 팔이 조금 잘리면?

흙이 된다.

★ 士(선비 사) → 土(흙 토)

▶ 土地(토지)
① 땅이나 흙 ② 논밭·경지·집터 따위의 총칭

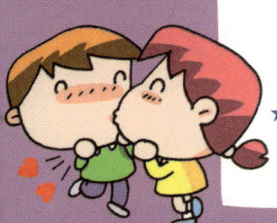

Q. 입과 흙이 뽀뽀하는 글자는?

吐 토할 토

★ 口(입 구) + 土(흙 토) = 吐(토할 토)

▶ 嘔吐(구토) 먹은 음식을 게움.

Q. 흑흑 우는 글자는?

圭 홀 규

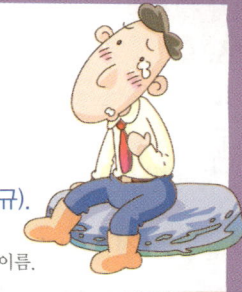

★ 土(흙 토) + 土(흙 토) = 圭(홀/쌍토 규). 흙 + 흙을 '흑흑'으로 보았음.

*홀은 천자가 제후를 봉할 때 내리는 신표(信標)를 이름.

Q. 큰 밭 하나와 작은 밭 2개 밑에 흙을 채운 글자는?

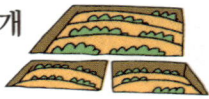

畾 진 루

▶堡壘(보루)
적을 막기 위하여 돌·흙·콘크리트 등으로 튼튼하게 쌓은 구축물

★ 田(밭 전) + 田(밭 전) + 田(밭 전) + 土(흙 토) = 壘(진 루)

Q. 성(城)은 무엇으로 이루어졌을까?

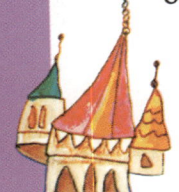

① 돌 ② 나무
③ 흙 ④ 쇠

③ 흙

★ 城(성 성)을 분해하면 土(흙 토) + 成(이룰 성). 성은 적을 막기 위하여 흙이나 돌로 쌓은 큰 담을 이른다.

▶山城(산성) 산 위에 쌓은 성

Q. '검은 흙'을 한 글자로 나타내면?

墨 먹 묵

★ 黑(검을 흑) + 土(흙 토) = 墨(먹 묵)

▶筆墨(필묵) 붓과 먹

Q. 사슴이 흙 위에 서 있는 글자는?

塵 티끌 진

▶風塵(풍진)
바람과 티끌

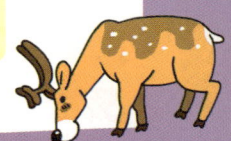

★鹿(사슴 록) + 土(흙 토) = 塵(티끌 진)

Q. 흙이 싫어할 만큼 위에서 내리누르는 글자는?

壓 누를 압

▶壓死(압사)
무엇에 눌리어 죽음.

★厭(싫을 염) + 土(흙 토) = 壓(누를 압)

Q. 용이 맨땅에 앉아 있는 곳은?

언덕

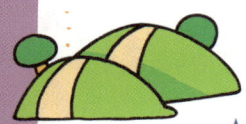

★龍(용 용) + 土(흙 토) = 壟(언덕 롱)

Q. 활과 화살을 나란히 놓은 글자는?

引 끌 인

▶ 引上(인상) ①끌어 올림. ②물건값을 올림.

★ 弓(활 궁) + ㅣ(뚫을곤) = 引(끌 인)   *ㅣ(뚫을곤)을 화살로 보았다.

Q. 화살을 활 위에 올려놓은 글자는?

弔 조상할 조

★ 弓(활 궁) + ㅣ(뚫을곤) = 弔(조상할 조)

▶ 弔問(조문) 사람의 죽음에 대하여 애도의 뜻을 표함. 조상

Q. 활 위에 구부러진 화살 하나와 곧은 화살 하나를 올려놓은 글자는?

弗 아닐 불

▶ 弗貨(불화)
달러화. 미국 돈

★ 弗(아닐 불)의 모양을 잘 살펴보면
弓(활 궁) 위에 화살 2개를 올려놓은 모양이다.

226

Q. '활이 길다' 를 한 글자로 줄이면?

張 베풀 장

★ 弓(활 궁) + 長(긴 장) = 張(베풀 장)

▶張三李四(장삼이사)
장씨의 셋째, 이씨의 넷째 아들이라는 뜻으로, 평범한 사람들을 이름.

Q. 뿔 달린 활 위에 화살을 버팀대로 받쳐 놓은 글자는?

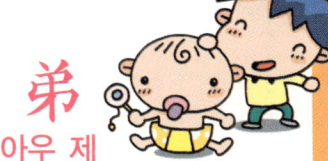

弟
아우 제

★ ﹅ + 弓(활 궁) + ㅣ (뚫을곤) + ノ = 弟(아우 제)

▶弟子(제자)
지식이나 덕을 갖춘 사람으로부터 가르침을 받는 사람

Q. 아우가 대나무 밑에 숨은 글자는?

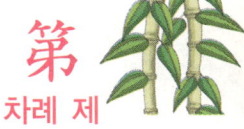

第
차례 제

★ 竹(대죽) + 弟(아우 제) = 第(차례 제)

▶第三者(제삼자)
당사자가 아닌 사람

Q. 활과 마늘이 만나 만든 글자는?

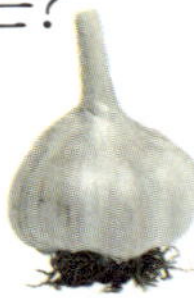

弘 클 홍

★ 弓(활 궁) + 厶(마늘모) = 弘(클 홍)

▶弘益人間(홍익인간) 널리 인간을 이롭게 함.

Q. 입에 벌레 물고 활 들고 있는 글자는?

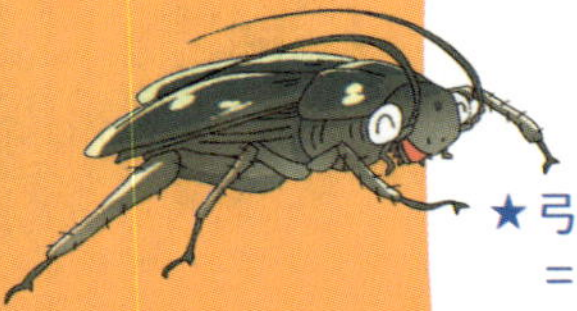

強 굳셀 강

▶強調(강조) 어떤 부분을 특히 힘주어 말함.

★ 弓(활 궁) + 口(입 구) + 虫(벌레훼/벌레충) = 強(굳셀 강)

Q. 약은 약인데 힘이 약한 약은?

弱 약할 약

★ 약효가 약한 약?

▶強弱(강약) 강함과 약함. 또는 그 정도

Q. 사람의 말을 화살처럼 빠르게 아는 글자는?

知 알 지

★ 矢(화살 시) + 口(입 구)
= 知(알 지)

▶知識(지식)
어떤 대상을 연구하거나 배우거나 또는 실천을 통해 얻은 명확한 인식이나 이해

Q. 화살이 콩알만 하다는 글자는?

短 짧을 단

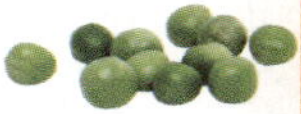

★ 矢(화살 시) + 豆(콩 두)
= 短(짧을 단)

▶短點(단점)
잘못되고 모자라는 점

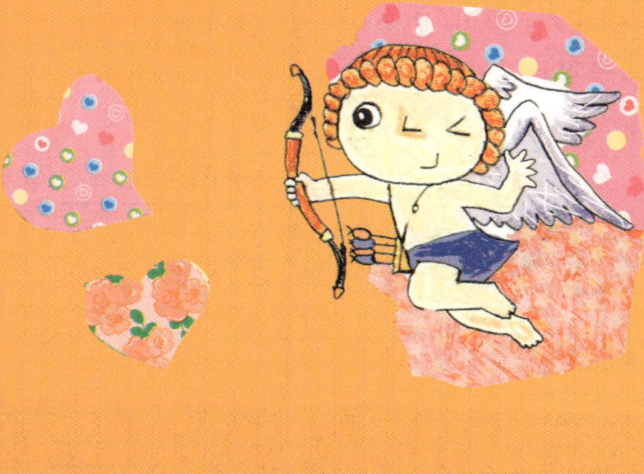

Q. 문틈에 달이 끼나 나무가 끼나 똑같은 현상이 생긴다. 그 현상은?

①어두워진다. ②한가해진다.
③추워진다. ④따뜻해진다.

②한가해진다.

★ 門(문 문) + 月(달 월) = 閒(한가할 한)
門(문 문) + 木(나무 목) = 閑(한가할 한)

▶ 閒暇/閑暇(한가) 겨를이 생기어 여유가 있음.

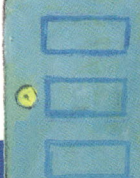

Q. 문으로 들어오던 사람이 머리를 부닥쳐 눈앞에서 별이 번쩍이는 글자는?

閃 번쩍일 섬

★ 門(문 문) + 人(사람 인)
= 閃(번쩍일 섬)

▶ 閃光(섬광) 번쩍이는 빛

Q. 문틈에 끼였으면서도 팔팔하게 사는 글자는?

闊 넓을 활

★ 門(문 문) + 活(살 활)
= 闊(넓을 활)

▶ 闊步(활보)
①큰 걸음으로 걸음.
②거리낌 없이 행동함.

230

Q. 윤달에 임금에게 일어나는 괴이한 사건은?

①병으로 자리에 눕는다. ②왕비를 맞이한다.
③다른 나라와 전쟁을 벌인다. ④문틈에 낀다.

④문틈에 낀다.

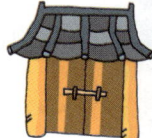

★門(문 문) + 王(임금 왕) = 閏(윤달 윤)

*閏자는 윤달(음력에서 평년보다 한 달을 더하여 만든 달)에는
왕이 문 안에 틀어박혀 나랏일을 보지 않았던 데서 생겨난 글자이다.

▶閏年(윤년)
윤달이 드는 해. 음력에서는 5년에 두 번의 비율로 한 달을 더하여 1년을
13개월로 한다. 한편, 양력에서는 4년마다 한 번씩 2월을 29일로 한다.

Q. 문틈에 여덟 명의
형이 낀 글자는?

閱 검열할 열

★門(문 문) + 八(여덟 팔) + 兄(형 형) = 閱(검열할 열)

▶閱覽(열람) (책·문서 등을) 죽 훑어보거나 조사하여 봄.

Q. 문틈에 입을 대고 묻는 글자는?

問 물을 문

▶問題(문제) 해답을 요구하는 물음

★門(문 문) + 口(입 구) = 問(물을 문)

Q. 문틈에 끼여 재주 부리는 글자는?

閉 닫을 폐

▶閉業(폐업) 문을 닫고 영업을 쉼.

★門(문 문) + 才(재주 재) = 閉(닫을 폐)

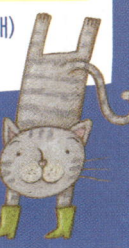

Q. 두 손으로 문의 빗장을 여는 글자는?

開 열 개

★門(문 문) + 一(한 일) + 廾(스물입발) = 開(열 개)

*一은 빗장, 廾(스물입발)은 두 손을 가리킴.

▶開天節(개천절) 우리나라 건국 기념일.

Q. 문틈으로 해가 얼굴 내민 글자는?

間 사이 간

★門(문 문) + 日(날 일) = 間(사이 간)

▶間隔(간격) ①물건과 물건 사이의 거리 ②시간적인 동안

Q. 창을 든 사람이 문틈에 서 있는 글자는?

閥 문벌 벌

★ 門(문 문) + 亻(사람인변) + 戈(창 과) = 閥(문벌 벌)

▶財閥(재벌)

재계(財界)에서 세력 있는 자본가·기업가
의 무리. 또는 대자본가의 일가나 친척으로
된 투자 기구

Q. 여닫는 문의 양쪽이 각각이라고
말하는 글자는?

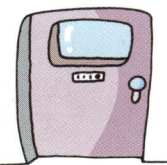

閣 문설주/누각 각

★ 門(문 문) + 各(각각 각) = 閣(문설주/누각 각)

▶內閣(내각) 국가의 행정권을 집행하는 최고의 합의체 기관

Q. 조개는 눈이
몇 개일까?

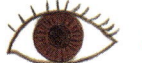

8개

★ 目(눈 목) + 八(여덟 팔)
= 貝(조개 패)

▶ 貝貨(패화)

(미개 시대의 인류가 사용한)
조개껍데기로 만든 화폐

Q. 눈 밑에 다리
달린 것은?

조개

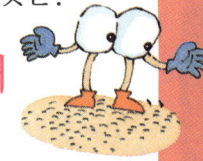

★ 目(눈 목) + 八(여덟 팔)
= 貝(조개 패)

*八(여덟 팔)이 다리 모양과
비슷하다.

▶ 貝殼(패각) 조가비

Q. 조개 하나를 나누어 먹을 만큼 가난한
글자는?

貧 가난할 빈

▶ 貧富(빈부)
가난함과 부유함.

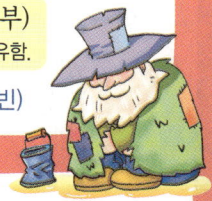

★ 分(나눌 분) + 貝(조개 패) = 貧(가난할 빈)

Q. 조개로 점치는 글자는?

貞
곧을 정

★ 卜(점 복) + 貝(조개 패) = 貞(곧을 정)

▶ 貞淑(정숙) 여자로서 행실이 곧고
마음씨가 고움.

Q. 중학교 1학년 조개를 한 글자로 나타내면?

貴 귀할 귀

▶貴重(귀중)
귀하고 중요함.

★貴(귀할 귀)자를 분해하면
中(가운데 중) + 一(한 일) + 貝(조개 패).

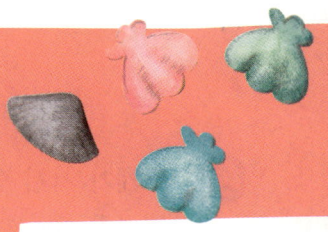

Q. 조개가 재주를 부려 재물이 되는 글자는?

財
재물 재

★貝(조개 패) + 才(재주 재) = 財(재물 재)

▶財産(재산)
①경제적 가치가 있는 것의 전체 ②소중히 여길 만한 가치가 있는 것

Q. 조개에 반대하여 팔겠다는 글자는?

販 팔 판

★貝(조개 패) + 反(돌이킬 반) = 販(팔 판)

▶販賣(판매) 상품을 팖.

Q. 조개를 주는 대신 빌린다는 뜻을 가진 글자는?

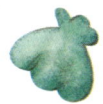

貸 빌릴 대

★ 代(대신 대) + 貝(조개 패) = 貸(빌릴 대)

▶貸與(대여) 빌려 줌.

Q. 조개가 서서 입을 열었다. 뭐라고 했을까?

물어주겠다.

▶賠償(배상)
(남에게 끼친 손해를) 갚아 줌.

★ 貝(조개 패) + 立(설 립) + 口(입 구) = 賠(물어줄 배)

Q. 세상의 조개들은 주거를 어떻게 해결할까?

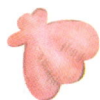 셋집에서 산다.

▶傳貰(전세)
부동산의 소유자에게 일정 금액을 맡기고, 그 부동산을 어느 기간까지 빌려 쓰는 일

★ 世(인간 세) + 貝(조개 패)
= 貰(세낼 세)

Q. 옛날옛날 지금 같은 화폐가 없던 시절, 조가비가 화폐(돈)로 사용되었다. 이 사실을 잘 보여 주는 한자는?

貨 재화 화

★ 化(될 화) + 貝(조개 패) = 貨(재화 화)

▶財貨(재화)
돈이나 그 밖의 값나가는 물건을 통틀어 일컫는 말. 재물

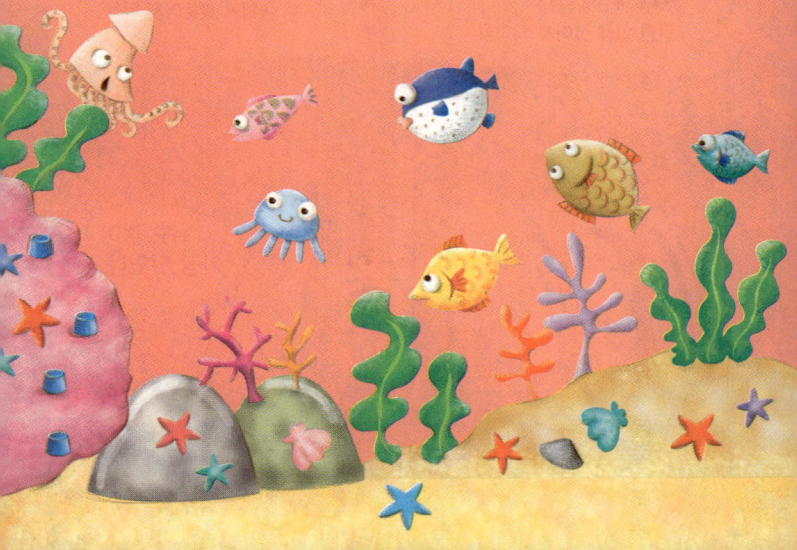

Q. 쇠뿔을 단김에 빼려고 칼 든 글자는?

解 풀 해

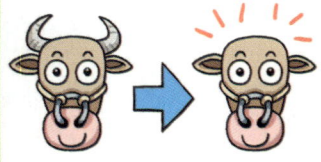

★ 角(뿔 각) + 刀(칼 도)
  + 牛(소 우) = 解(풀 해)

▶解決(해결)
얽힌 일을 풀어서 처리함.

Q. 뿔이 촉나라에 닿은 글자는?

觸
닿을 촉

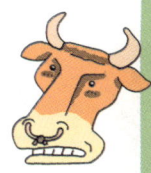

★ 角(뿔 각) + 蜀(나라 촉)
  = 觸(닿을 촉)

▶接觸(접촉)
두 물체가 맞붙어서 닿음.

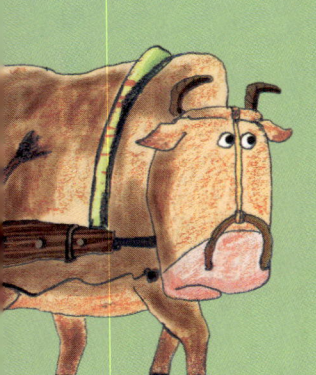

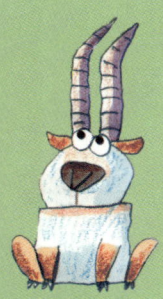

누구 뿔이
가장 멋있나요?

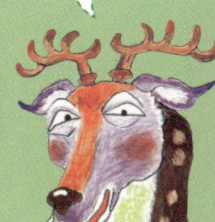

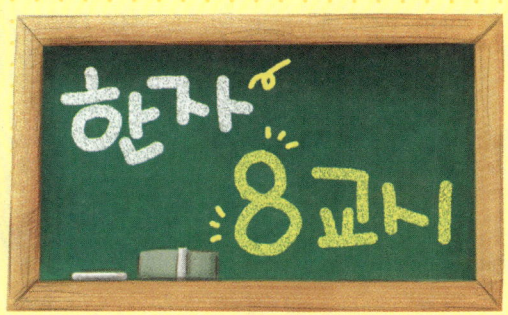

힘·마을

소·실

개미허리

그물·수건

구멍·맵다

스스로

Q. 나쁜 짓을 하고 또 해도 되겠느냐고 묻는 글자는?

加 더할 가 ★더 할까?

▶加工(가공) (천연물이나 미완성품에) 인공을 더함.

Q. 입에 힘 준 글자는?

加 더할 가

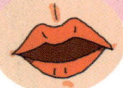

★力(힘 력) + 口(입 구)
= 加(더할 가)

▶加減(가감) 더하거나 덞. 또는 그렇게 하여 알맞게 맞춤.

Q. '중력'을 한 글자로 줄이면?

動 움직일 동

▶動作(동작)
몸이나 손발을 움직이는 짓

★重(무거울 중) + 力(힘 력) = 動(움직일 동)
*중력 : 지구가 지구 위에 있는 물체를 그 중심으로 끌어당기는 힘

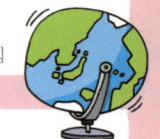

Q. 힘을 적게 쓰면 어떻게 될까?

남보다 못하게
(뒤지게) 된다.

▶劣等(열등)
정도나 등급이 낮음.

★少(적을 소) + 力(힘 력) = 劣(못할 렬)

Q. 전쟁에서 이길 수 있는 간단한 방법은?

**임금이 힘을
보태면 된다.**

▶勝敗(승패)
이기고 짐.

★朕(나 짐) + 力(힘 력) = 勝(이길 승)

*朕(나 짐)은 임금이 자기를 일컫던 말이다.

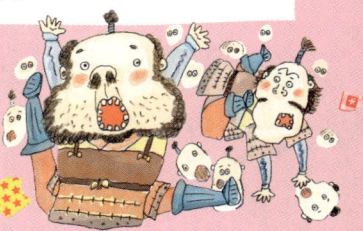

Q. 계집종이 힘쓰는 글자는?

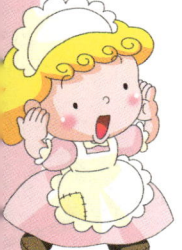

努
힘쓸 노

★奴(종 노) + 力(힘 력)
　 = 努(힘쓸 노)

▶努力(노력)
힘을 들이고 애를 씀. 또는 그 들인 힘

Q. 장인이 힘쓰는 글자는?

功 공 공

★工(장인 공) + 力(힘 력)
　 = 功(공 공)

▶功勞賞(공로상)
공적을 기리어 주는 상

Q. 또(거듭) 힘을 내서 돕는 글자는?

助 도울 조

▶協助(협조)
힘을 모아 서로 도움.

★且(또 차) + 力(힘 력) = 助(도울 조)

Q. 가라고 힘으로 겁 주는 글자는?

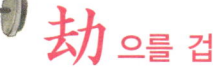

劫 으를 겁

▶永劫(영겁) 영원한 세월

★去(갈 거) + 力(힘 력) = 劫(으를 겁)

*劫(으를 겁)은 '겁 겁'으로도 새긴다. '겁'은 천지가 개벽한 때부터 다음 개벽할 때까지의 동안, 즉 무한한 시간을 이른다.

Q. 불타는 갓 쓰고 일하는 글자는?

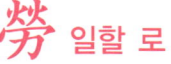

勞 일할 로

▶勞動(노동)
사람이 생활에 필요한 물자를 얻기 위해 육체적·정신적 노력을 들이는 행위

★火(불 화) + 火(불 화) + 冖(민갓머리) + 力(힘 력)
= 勞(일할 로) *이글거리는 햇볕 아래 갓 쓰고 일하는 모습을 상상해 보라.

Q. 창과 글과 힘을 모아 힘쓰는 글자는?

務 힘쓸 무

▶ 勤務(근무)
①(직장에 적을 두고) 직무에 종사함. ②(일직·숙직·당번 따위를) 맡아서 집행함.

★ 矛(창 모) + 攵(등글월문) + 力(힘 력) = 務(힘쓸 무)

Q. 십자가 옆에서 세 사람이 힘 겨루는 글자는?

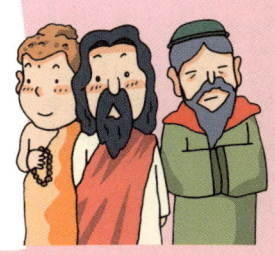

協 화합할 협

▶ 協同(협동)
서로 마음과 힘을 합함.

★ 十(열 십) + 力(힘 력) + 力(힘 력) + 力(힘 력) = 協(화합할 협)

Q. 가죽 줄에 힘을 매단 글자는?

勒 굴레 륵

*굴레 : (말이나 소를 부리기 위하여) 목에서 고삐에 걸치어 얽어매는 줄

★ 革(가죽 혁) + 力(힘 력) = 勒(굴레 륵)

▶ 勒絆(늑반) 말의 고삐

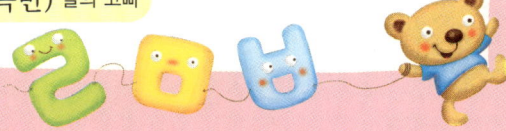

Q. 밭과 흙만 있으면 만들 수 있는 것은?

① 나라 ② 마을
③ 산 ④ 콩

② 마을

★ 마을을 뜻하는 里(마을 리)를 분해하면 田(밭 전) + 土(흙 토). 마을 만들기 참 쉽다!

▶ 里長(이장)
행정 구역인 리(里)의 행정 사무를 맡아보는 사람

Q. '천 리'와 가장 관계 깊은 말은?

① 무겁다 ② 멀다
③ 가볍다 ④ 가깝다

① 무겁다

★ 重(무거울 중)자를 분해하면 千(일천 천) + 里(마을 리). 그러므로 답은 ①

▶ 體重(체중) 몸무게

Q. 마을에 서 있는 사람은?

① 이장 ② 장승 ③ 아이 ④ 신선

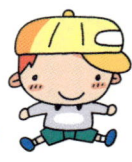

③ 아이

★ 立(설 립) + 里(마을 리) = 童(아이 동)

▶ 童話(동화)
동심을 바탕으로 지은 이야기로 공상적 · 서정적 · 교훈적인 것이 많음.

Q. 마을 위를 가로지르는 전깃줄 위에 해가 떠 있는 글자는?

量
헤아릴 량

▶ **聲量(성량)**
목소리의 크기와 양

★ 量(헤아릴 량)자를 분해하면 日(날 일) + 一(한 일) + 里(마을 리). 一(한 일)을 전깃줄로 보았다.

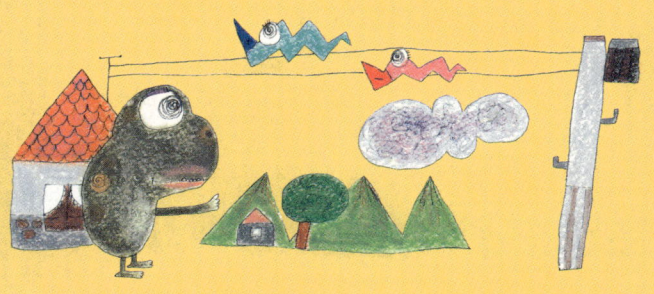

Q. 마을에서 "나여!" 하는 글자는?

野 들 야

★ 里(마을 리) + 予(나 여)
　 = 野(들 야)

▶ **野外(야외)**
①시가지에서 좀 떨어져 있는 들
②집의 밖

Q. '열쇠' 를 한 글자로 줄이면?

針 바늘 침

▶針小棒大(침소봉대)
작은 일을 크게 불리어 말함.

★ 金(쇠 금) + 十(열 십) = 針(바늘 침).
열 개의 쇠, 즉 열쇠. *金은 쇠붙이, 금(gold)을 뜻한다.

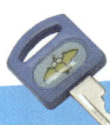

Q. 금이나 한가지인 금속은?

구리

▶銅錢(동전)
구리로 만든 돈. 오늘날에는 종이돈이 아닌, 쇠붙이로 만든 동그란 돈을 일컫는 말로 널리 쓰인다.

★ 金(쇠 금) + 同(한가지 동)
= 銅(구리 동)

Q. 종(bell)의 재료는?

쇠와 아이

▶鐘閣(종각)
큰 종을 달아 두는 누각. 특히 서울 종로에 자리한 종각이 유명하다.

★ 金(쇠 금) + 童(아이 동)
= 鐘(쇠북 종)

*쇠북 : (예전에) 종을 이름.

Q. 금을 가득 채운 것은?

① 칼　② 활
③ 화살　④ 총

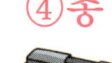 ④총

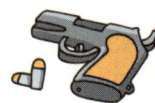

★銃(총 총)자를 분해하면 金
(쇠 금) + 充(채울 충). 즉, 금
을 가득 채운 것이 된다.

▶銃器(총기)
소총·권총 따위의 무기

Q. 금으로 만든 창 두 개는?

돈

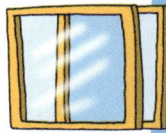

★金(쇠 금) + 戈(창 과) +
戈(창 과) = 錢(돈 전)

▶金錢(금전) 화폐

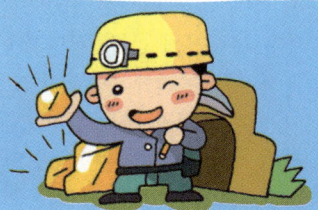

Q. 금이 넓게 퍼져 있는 것은?

쇳돌

★鑛(쇳돌 광)자를 분해하면 金(쇠 금) + 廣(넓을 광).
즉, 금이 넓게 퍼져 있는 것이 된다.

▶鑛夫(광부) 광산에서 광물을 캐는 일꾼

*쇳돌 : 쇠붙이의 성분이 들어 있는 광물

신라 제35대 경덕왕은 아버지인 제33대 성덕왕의 명복을 빌기 위해 종을 만들 계획을 세웠다. 그러나 종이 완성되는 것을 보지 못하고 죽고 그의 아들, 즉 성덕왕의 손자인 혜공왕이 771년에 구리 12만 근(27톤)을 들여 완성하였다.

이 종이 바로 국보 제29호인 '성덕 대왕 신종'이다. 처음에는 종을 봉덕사에 걸어 '봉덕사종'이라고 불리기도 했었는데 지금은 경주 박물관에 소장되어 있다.

이 종은 소리가 매우 뛰어날 뿐만 아니라, 통일 신라 예술이 한창 꽃피울 때 만들어져 문양이 화려하고 조각 수법이 매우 뛰어나다. 또한 이 종의 유래와 종 제작에 참여한 사람 및 글쓴이의 이름이 적혀 있어 신라 역사를 연구하는 데도 좋은 자료가 되고 있다.

특히 이 종은 슬픈 전설을 간직하고 있는 것으로도 유명하다.

온갖 정성을 다해 종을 만들었으나 웬일인지 소리가 제대로 나지 않았다. 몇 번을 다시 만들어도 마찬가지였다.

그 무렵 봉덕사의 어떤 중이 시주를 받으러 다니고 있었다. 종을 만드는 데는 20톤 이상의 구리가 들어가므로 부잣집뿐만 아니라 가난한 집에도 시주를 권하지 않을 수 없는 상황이었다.

한눈에 보아도 궁기가 철철 넘치는 어느 집에 들러 시주를 부탁하자, 부인이 자못 난처한 얼굴로 말했다.

"세상에, 입에 풀칠하기도 힘든데 시주라니요. 저 아이라도 내놓을까요?"

시주를 하지 못해 죄송하다는 뜻도 있지만, 원망이 짙게 밴 말이었다.

중은 후닥닥 그 집을 나왔다.

'제대로 먹지 못해 눈이 쑥 들어간 사람에게 시주를 내라고 강요하다니……'

중은 가난한 서민에게까지 손을 내미는 자신의 처지가 한탄스러웠다.

그날 밤 중은 이상한 꿈을 꾸었다.

웬 백발 노인이 나타나 놀라운 말을 하지 뭔가.

"어린 아기의 시주가 제일 정갈하니, 아기가 들어가면 종에서 좋은 소리가 날 것이오."

중은 차마 발걸음이 떨어지지 않았지만 용기를 내서 어제 그 집을 찾아갔다.

"부처님께서 댁의 아기를 받아 오라고 하셨습니다. 정말 그렇게 해 주시겠습니까?"

부인은 한동안 먼산바라기를 하고 있더니 조용히 입을 열었다.

"하늘의 뜻이라면 하는 수 없지요. 우리 아이 하나 희생해서 온 세상이 좋아진다면 그래야지요. 데려가세요."

부인은 놀랍도록 침착했다. 해탈의 경지에 이른 사람 같았다.

놀랍게도 아기를 넣어 만든 종은 이 세상의 소리라고는 할 수 없을 만큼 맑고 깊은 소리를 냈다.

"에밀레…… 에밀레……."

길 가던 사람도 저절로 발걸음을 멈추고 고개를 숙일 만큼 숙연한 소리였다.

그때 들일을 하고 부모님과 함께 집으로 가던 한 소년이 중얼거렸다.

"종소리가 엄마…엄마…하고 구슬프게 부르는 소리 같네."

정말 애타게 엄마를 부르는 아기의 목소리 같기도 했다.

사람들은 뜨거운 눈물을 흘리며 이 종을 '에밀레종'이라고 불렀다고 한다.

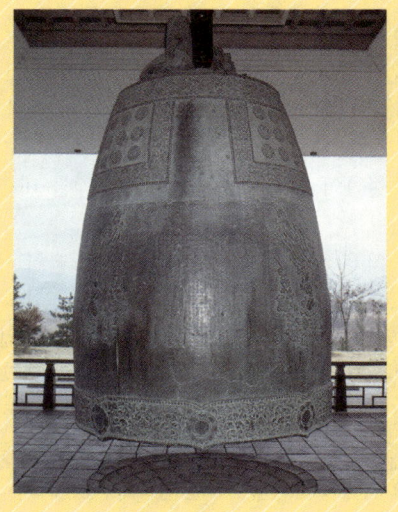

▲성덕 대왕 신종

Q. 금 옆에 진을 치면 금은 어떻게 될까?

무디어진다.

▶ **鈍感(둔감)** 감각이 무딤.

★ 金(쇠 금) + 屯(진칠 둔) = 鈍(무딜 둔)

Q. 금 옆에 여덟 명의 형이 있으면 금은 어떻게 될까?

날카로워진다.

★ 金(쇠 금) + 八(여덟 팔)
+ 兄(형 형) = 銳(날카로울 예)

▶ **銳利(예리)** ①(연장 따위가) 날카로움.
②(두뇌나 판단력이) 날카롭고 정확함.

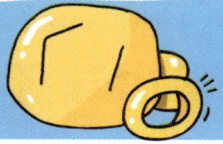

Q. 금을 녹이면 무엇이 드러날까?

얼굴

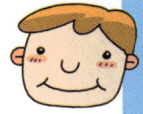

★ 金(쇠 금) + 容(얼굴
용) = 鎔(녹일 용). 鎔
자의 金을 없애면 容
(얼굴 용)이 남는다.

▶ **鎔鑛爐(용광로)**
광석으로부터 금속을
제련하는 가마

Q. 금과 흙과 창을 모두 드리겠다는 글자는?

鐵 쇠 철

★ 鐵(쇠 철)을 분해하면 金(쇠 금) +
土(흙 토) + 呈(드릴 정) + 戈(창 과)

▶ **鐵絲(철사)**
가늘고 긴 금속의 줄

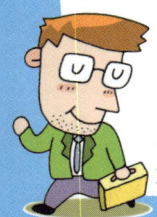

Q. 아버지가 금 위에 포개어져 있는 글자는?

釜 가마 부

▶釜山(부산)
경상남도 남동부에 있는 광역시로 우리나라 최대의 해양 물류 도시임.

★釜(가마 부)자는
父(아비 부)와 金(쇠 금)이 포개어져 있는 것처럼 보인다.

Q. 거울은 무엇으로 만들어질까?

①돌 ②나무 ③금 ④플라스틱

③금

★金(쇠 금) + 立(설 립) + 見(볼 견) = 鏡(거울 경). 그러므로 금으로 만들어진다.

▶眼鏡(안경) 눈을 보호하거나 시력을 돕기 위하여 눈에 쓰는 물건

Q. '순금'을 한 글자로 나타내면?

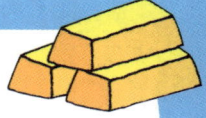

鎭 진압할 진

▶鎭壓(진압)
강압적인 힘으로 진정시키어 억누름.

★鎭(진압할 진)을 분해하면
金(쇠 금) + 眞(참 진). 鎭은 진짜 금, 즉 순금이 된다.

252

Q. 쇠로 된 고무래 모양의 물건은?

못

▶ 釘頭(정두) 못대가리

★ 金(쇠 금) + 丁(고무래/간지 정) = 釘(못 정)

*고무래 : 곡식을 그러모으거나 펴는 데, 또는 밭의 흙을 고르거나 아궁이의 재를 긁어내는 데 쓰는 T자 모양의 물건

Q. 금에 이름 새기는 글자는?

銘 새길 명

▶ 銘心(명심)

잊지 아니하도록 마음에 깊이 새기어 둠.

★ 金(쇠 금) + 名(이름 명) = 銘(새길 명)

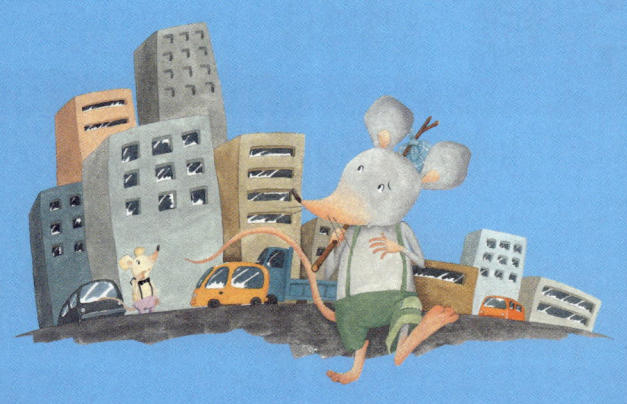

253

Q. 실없이 웃는 글자는?

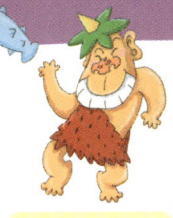

絲 실 사

★糸(실사) + 糸(실사)
= 絲(실 사). 絲絲→실실

* '실실' 은 실없이 웃는 모양을 이른다.

▶絹絲(견사)
고치실을 원료로
하여 만든 비단실

Q. 실이 갈래갈래 나누어지면?

어지러워진다.

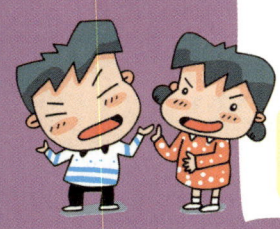

▶紛爭(분쟁)
말썽을 일으켜
시끄럽게 다툼.

★糸(실사) + 分(나눌 분)
= 紛(어지러울 분)

Q. 실이 모이면 무엇이 될까?

그림

▶繪畫(회화)
평면 상에 색과 선을 써서
여러 가지 형상을 표현하
는 조형 예술. 그림

★糸(실사) + 會(모일 회) = 繪(그림 회)

Q. 실을 채워 거느리는
글자는?

統 거느릴 통

★ 糸(실사) + 充(채울 충)
= 統(거느릴 통)

▶統一(통일)
여럿을 몰아서 하나의 조직·체계
아래로 모이게 함.

Q. 실의 성씨는?

지씨

★ 糸(실사) + 氏(각시/성씨
씨) = 紙(종이 지)

▶便紙(편지)
어떤 소식이나 사연, 용무를 상대
에게 알리려고 적어 보내는 글

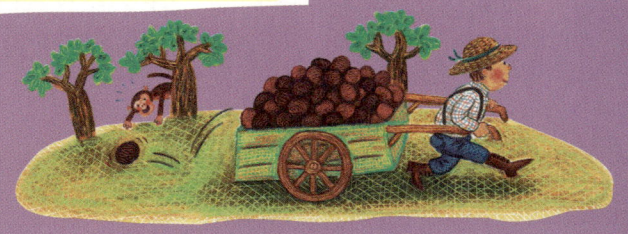

Q. 실을 밭 옆에 두면 細(가늘 세)가 된다.
실을 밭 밑으로 옮기면 어떻게 될까?

累 묶을/포갤 루

▶累積(누적)
포개어 쌓거나 쌓임.

★ 田(밭 전) + 糸(실사) = 累(묶을/포갤 루)

Q. 고삐(말이나 소의 재갈에 잡아매어, 몰거나 부릴 때에 쓰는 줄)의 길이는?

①1치(3.03㎝)　②1자(30.3㎝)
③100자　④100치

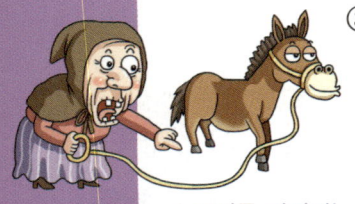

①1치(3.03㎝)

★고삐를 가리키는 한자 紂(말고삐 주)를 분해하면 糸(실 사) + 寸(마디 촌). 寸은 길이의 단위 '치(1치는 3.03㎝)'로도 쓰인다. 그러므로 말고삐는 실 1치인 셈.

▶寸陰(촌음) 아주 짧은 시간

Q. 삐친 줄에 실이 매달려 있는 글자는?

系

이어맬 계

★ノ(삐침별) + 糸(실 사)
= 系(이어맬 계)

▶系統(계통) 차례를 따라 잇대어 통일됨.

Q. 장인이 실을 가지고 만든 색깔은?

붉은색

★ 糸(실사) + 工(장인 공)
= 紅(붉을 홍)

▶紅一點(홍일점) 많은 남자들 사이에 낀 단 한 명의 여자

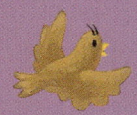
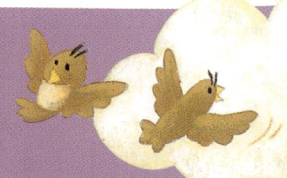

Q. 실이 얼마나 미치는지 등급 매기는 글자는?

級 등급 급

★ 糸(실사) + 及(미칠 급)
= 級(등급 급)

▶等級(등급)
(높고 낮음, 좋고 나쁨 등의)
차이를 여럿으로 구별한 급수

Q. 실로 점을 싼 글자는?

約 맺을 약

★ 糸(실사) + 勹(쌀포몸)
+ 丶(점주) = 約(맺을 약)

▶約束(약속)
앞으로의 일에 관하여
상대방과 서로 결정하여 둠.

Q. 실과 글이 나란히 있는 글자는?

紋 무늬 문

▶ 紋樣(문양) 무늬의 모양

★ 糸(실 사) + 文(글월 문) = 紋(무늬 문)

Q. 소에게 연결한 실은?

紐 끈 뉴

★ 糸(실 사) + 丑(간지/소 축)
= 紐(끈 뉴)

▶ 紐帶(유대) 상호 간의 밀접한 상태

Q. 실 옆에 있던 글을 실 위로 옮기면 어떻게 될까?

어지러워진다.

★ 文(글월 문) + 糸(실 사) = 紊(어지러울 문)

▶ 紊亂(문란)
도덕, 질서 등이 어지러움.

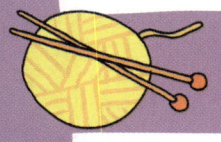

Q. 실을 안 내놓겠다고 버티지만 끝내는 내놓고 마는 글자는?

納 들일 납

▶ 納稅(납세)
나라에 세금을 바침.

★ 糸(실 사) + 內(안 내) = 納(들일 납)

Q. 개미허리를 똑바로 펴면?

내(시내보다는 크고 강보다는 작은 물줄기)**가 된다.**

▶ 山川(산천)
'산과 내' 라는 뜻으로 자연을 일컬음.

★ 巛(개미허리) → 川(내 천)

*川자는 양쪽 기슭 사이로 물이 흘러가는 모양을 본떠 만든 글자이다.

Q. 냇물에 돌멩이 3개 빠진 글자는?

州 고을 주

★ 川(내 천) + · · · → 州(고을 주)

▶ 州知事(주지사)
연방 국가에서 한 주(州)의 행정 사무를 총괄하는 우두머리

Q. 개미의 보금자리는 어디일까?

실과 위

★ 보금자리를 뜻하는 巢(보금자리 소)를 분해하면 巛(개미허리) + 果(실과 과). 그러므로 개미의 보금자리는 실과 위.

*실과 : 먹을 수 있는 풀 또는 나무의 열매

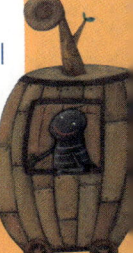

▶ 巢窟(소굴) 옳지 못한 사람들이 활동의 근거지로 삼고 있는 곳

Q. 그물에 갇힌 말이 욕하는 글자는?

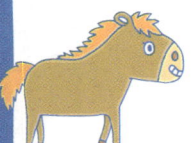

罵 욕할 매

★罒(그물망) + 馬(말 마) = 罵(욕할 매). 달리기 좋아하는 말이 그물에 갇혔으니 욕이 나올 수밖에……

▶罵倒(매도) 몹시 꾸짖어 욕함.

Q. 그물에 걸릴 만큼 아닌(그릇된) 짓을 나타내는 글자는?

罪 허물 죄

★罒(그물망) + 非(아닐 비) = 罪(허물 죄)

▶罪囚(죄수)
교도소에 수감된 죄인

Q. 그물 속에 말과 칼을 가둔 글자는?

罰 벌 벌

★罒(그물망) + 言(말씀 언) + 刂(선칼도방) = 罰(벌 벌). 말도 못하게 하고 칼(무기)도 못 쓰게 그물 속에 가뒀으니 벌이 아니고 무엇이겠는가.

▶罰金(벌금) 벌로 내게 하는 돈

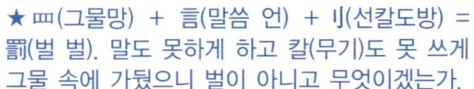

Q. 그물 속에 가두어도 능력을 발휘하니
그만두고 마는 글자는?

罷 **그만둘 파**

▶罷免(파면)
(잘못이 있어) 직무나
직업에서 쫓아냄.

★ 罒(그물망) + 能(능할 능) = 罷(그만둘 파). 그물 속에
가두어 놓아도 무슨 일이든 능히 하니 포기할 수밖에…….

Q. 그물로 놈(사람)을 잡아들이는 곳은?

署 **관청 서**

*경찰서, 세무서 등 관청을 가리킴.
특히 경찰서를 이를 때 많이 씀.

★ 罒(그물망) + 者(놈 자) = 署(관청 서)

▶警察署(경찰서)
경찰 관서의 하나. 대도시의 각 구(區) 및 시·군에 설치함.

Q. 그물을 곧게 세워 둔 글자는?

置 **둘 치**
▶設置(설치) 베풀어서 둠.

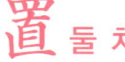

★ 罒(그물망) + 直(곧을 직) = 置(둘 치)

Q. 수건 위에 돼지머리 얹어 놓은 곳은?

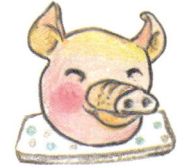

시장 ▶市場(시장)

★ 亠(돼지해머리) + 巾(수건 건) = 市(저자 시) *저자=시장

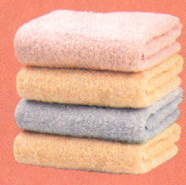

Q. '하얀 수건'을 한 글자로 줄이면?

帛 비단 백

★ 白(흰 백) + 巾(수건 건) = 帛(비단 백)

Q. 장수보다 한 수 위인 사람은?

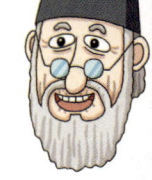

스승

★ 장수를 뜻하는 한자 帥(장수 수)와 스승을 뜻하는 師(스승 사)를 비교해 보면 帥에 一(한 일)이 더해져 있다.

▶敎師(교사)
선생님

Q. 햇빛에 눈이 부셔 수건으로 앞을 가리는 것은?

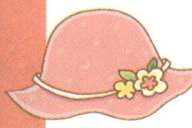

모자

★ 모자를 가리키는 帽(모자 모)를 분해하면 巾(수건 건) + 日(날 일) + 目(눈 목)이다.

▶ 帽子(모자)

Q. 아랫도리에 수건 두르고 서 있는 사람은 누구일까?

임금

★ 임금을 가리키는 帝(임금 제)는 立(설 립) 아래 巾(수건 건)을 더했다.

▶ 皇帝(황제)

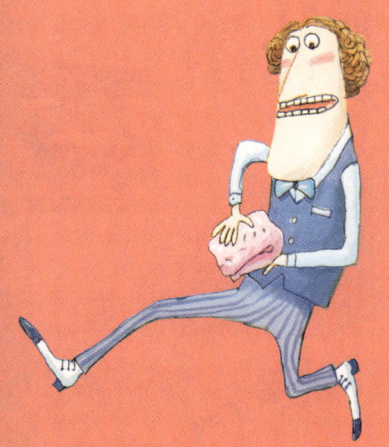

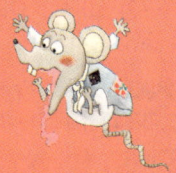

Q. 8이 갓 쓰고 있는 것은?

穴 구멍 혈

★ 宀(갓머리) + 八(여덟 팔)
= 穴(구멍 혈)

▶穴居(혈거)
동굴 속에 삶.

Q. 구멍 9개를 글자 한 자로 쓰면?

究 연구할 구

★ 穴(구멍 혈) + 九(여덟 구)
= 究(연구할 구)

▶研究(연구)
(일이나 사물에 대하여) 깊이 있게 조사하고 생각함.

Q. 개가 구멍에 빠진 글자는?

突 갑자기 돌

★ 穴(구멍 혈) + 犬(개 견)
= 突(갑자기 돌)

▶突進(돌진)
세찬 기세로 거침없이 나아감.

Q. 활이 구멍 뚫어 놓는 곳은?

하늘

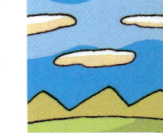

★ 穴(구멍 혈) + 弓(활 궁)
= 穹(하늘 궁)

▶蒼穹(창궁) 푸른 하늘

Q. 구멍 속에 빠진 장인이 하는 말은?

비었구나.

▶空中(공중)

★ 穴(구멍 혈) + 工(장인 공) = 空(빌 공)

Q. 몸을 굽혀야 들어갈 수 있는 구멍은?

굴

▶洞窟(동굴)

★ 穴(구멍 혈) + 屈(굽힐 굴) = 窟(굴 굴)

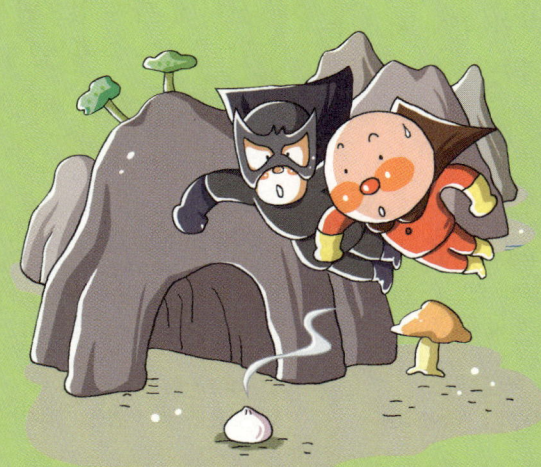

Q. 십자가 위에 서 있는 글자는?

辛 매울 신

▶辛苦(신고)
어려운 일을 당하여 몹시 애씀.
또는 그 고통이나 고생

★ 立(설 립) + 十(열 십) = 辛(매울 신)

*辛(매울 신)은 형벌 도구로 쓰이는 날카로운 날붙이
(칼·낫·도끼 따위의 날이 선 연장)를 본뜬 글자이다.

Q. 입에 십자가 물고
십자가 위에 서 있는
글자는?

辜
허물 고

★ 十(열 십) + 口(입 구)
+ 立(설 립) + 十(열 십)
= 辜(허물 고)

▶無辜(무고)
잘못이나 허물이 없음.

Q. 날붙이와 날붙이
사이에 끼여 있으면서도
말 잘하는 글자는?

辯 말씀 변/
말잘할 변

★ 辛(매울 신) + 言(말씀 언) +
辛(매울 신) = 辯(말씀 변/말잘
할 변). 무시무시한 날붙이를
양 옆에 두고도 말을 하니, 얼
마나 말을 잘하는 것인가.

▶辯護(변호)
남을 위하여 변명하고 감싸서 도움.

Q. 날붙이와 날붙이 사이에 끼여 힘쓰는 글자는?

辦
힘쓸 판

★ 辛(매울 신) + 力(힘 력) + 辛(매울 신) = 辦(힘쓸 판). 무시무시한 날붙이 사이에 낀 힘. 얼마나 힘을 쓸까?

▶辦公費(판공비)
공무를 처리하는 데 드는 비용

Q. 날붙이와 날붙이 사이에 칼 끼운 글자는?

辨 분별할 변

★ 辛(매울 신) + 刂(선칼도방) + 辛(매울 신) = 辨(분별할 변)

▶辨明(변명)
①시비를 가려 밝힘.
②잘못이 없음을 밝힘.

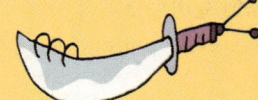
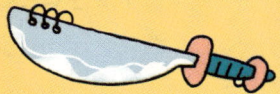

Q. 날붙이를 묶어 놓은 글자는?

辣 매울 랄

★ 辛(매울 신) + 束(묶을 속) = 辣(매울 랄)

▶辛辣(신랄) 사물의 분석이나 비평이 매우 날카로움.

Q. 재우려고 애쓰지 않아도 스스로
자는 순한 아기에게 꼭 어울리는 한자는?

自 스스로 자

▶ 自習(자습)
혼자의 힘으로 배워 익힘.

★ 굳이 설명할 필요도 없는 한자.
어린 아기를 둔 부모님이 좋아할 한자일 듯.

Q. 소크라테스가 가장 좋아할 한자는?

臭 냄새 취

▶ 惡臭(악취) 고약한 냄새

★ 臭자를 분해하면 自(스스로 자) + 犬(개견). 스스로 개
라고 생각한다니. '너 자신을 알라.'는 명언을 남긴 소크
라테스가 보면 참으로 마음에 들어할 한자일 듯.

Q. 소크라테스가 두 번째로 좋아할 한자는?

朕
나 짐

★ 朕(나 짐)은 임금이 자기를 일컫던
말. 스스로 '짐'스러운 존재라고 생각
한다니, 소크라테스의 눈으로 보면 참
으로 기특한 한자 아닌가.

▶ 兆朕(조짐) 어떤 일이 생길 기미가 보이는 현상

Q. 나폴레옹이 가장 싫어할 한자는?

不 아닐 불/부

▶不可能(불가능)
할 수 없음.

★ 나폴레옹은 '내 사전에 불가능(不可能)이란 말은 없다.' 라는 명언을 남겼다. 이 말은 곧 '가능(可能)'이란 말은 있다는 말도 된다. 그러므로 不(아닐 불/부)만 없으면 되니 不자를 가장 싫어할 것이다.

Q. 공자가 가장 좋아한 한자는?

禮 예도 예

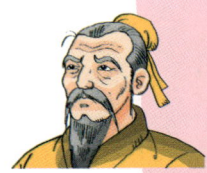

★ 세계 3대 성인으로 꼽히는 공자는 '예(禮)가 아니면 보지 말고, 예가 아니면 듣지 말며, 예가 아니면 행하지 말라.'는 명언을 남겼다. 이 명언만 보아서는 禮(예도 예)자를 가장 좋아한 것으로 보아도 괜찮을 듯.

▶禮節(예절) 예의로 지켜야 할 규범이나 법칙

사람과 동물

사람 옆에 오는 동물에 따라 음과 훈이 달라진다.

사람과 개
人(사람 인) + 犬(개 견) = 伏(엎드릴 복)

사람과 소
人(사람 인) + 牛(소 우) = 件(물건 건)

사람과 원숭이
人(사람 인) + 申(납 신) = 伸(펼 신)
• 申(납 신)은 아홉째 지지(地支)로 원숭이를 뜻하며, '펼 신'이라고도 새긴다.

사람과 양
人(사람 인) + 羊(양 양) = 佯(거짓 양)
• '양의 탈을 쓴 사람'이군.

사람과 코끼리
人(사람 인) + 象(코끼리 상) = 像(모양 상)

사람과 쥐
人(사람 인) + 子(아들 자) = 仔(자세할 자)
• 子(아들 자)는 첫째 지지(地支)로 쥐를 뜻하기도 한다.
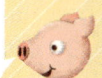

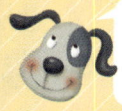
사람과 짝퉁 토끼
人(사람 인) + 卯(토끼 묘) = 仰(우러를 앙)
• 卯(토끼 묘)와 비슷하지만 완전히 같지는 않다.

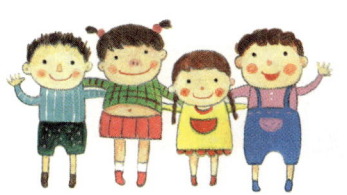

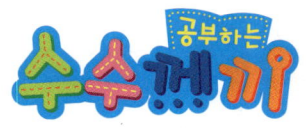

2012년 1월 20일 초판 1쇄 발행
2016년 7월 10일 초판 2쇄 발행

엮은이 · 육은숙

펴낸이 · 이미례 | **펴낸곳** · (주)학은미디어

주　소 · 서울 양천구 오목로 128, 302호

전　화 · 02)2632-0135~7 | **팩　스** · 02)2632-0151

등록번호 · 제13-673호

편집 · 박수진

디자인 · 신우진

ISBN 978-89-8140-411-6　00700